Neu anfangen

Impulse für ein lebendiges Christsein

WeG Verlag

Autor: Leo Tanner, in Zusammenarbeit mit Klemens Armbruster

WeG Verlag

Hrsg.: Internationales Projektteam Wege erwachsenen Glaubens (IPW).
Im IPW haben sich Verantwortliche aus verschiedenen Diözesen und Arbeitsbereichen zusammengefunden, die Erwachsenen neue Zugänge zum Glauben erschliessen möchten. Das IPW besteht zurzeit aus folgenden Personen: Klemens Armbruster (Diözesanreferent), Marcel Bregenzer (Verheirateter Diakon), Urban Camenzind (Verheirateter Diakon), Theresa Herzog (Rechtsanwältin, Pastoralassistentin), P. Hubert Lenz SAC (Professor) und Leo Tanner (Pfarrer).

Druck: Fuck, Druckerei und Verlag, D-56072 Koblenz

3. Überarbeitete Auflage 2014

ISBN 978-3-909085-77-4

Inhaltsverzeichnis

Einführung

Liebe Leserin, lieber Leser

Sie haben die Schrift *«Neu anfangen - Impulse für ein lebendiges Christsein»* in der Hand. Die Schrift wendet sich an alle, die neu mit Gott beginnen oder ihren Glauben erneuern möchten. Grundsätzlich haben Sie drei Möglichkeiten, mit dieser Schrift umzugehen:

– *Als persönliche Bereicherung.* Dann werden Sie die Texte und die Meditationen auf die Art und Weise lesen, wie Sie es gewöhnlich mit Büchern tun.

– *Als Impulstext für einen persönlichen Wegprozess.* Dazu brauchen Sie mindestens sechs Wochen Zeit. Der Wegprozess kann jedoch auch länger dauern. Entscheidend ist nicht das Tempo, sondern der Tiefgang des Weges. In diesem Fall empfehlen wir[1], jeweils nach einem Kapitel das Gelesene mit Hilfe des Teilnehmerheftes[2] in einer «Stillen Zeit» zu verinnerlichen. Dazu werde ich Sie jeweils unter dem Titel «Liebe Leserin, lieber Leser» erinnern.

– *Als Grundlage für einen Glaubenskurs.* Sie finden hier – ein wenig ergänzt – die Referate des Glaubenskurses. Mit diesem Buch sind Sie über den Inhalt des Glaubenskurses, den Sie noch frei ändern können, informiert.

Für das Durchführen des Glaubenskurses «Neu anfangen» in einer grösseren Gruppe oder in einer Pfarrgemeinde wurden die Referentenunterlagen mit CD und DVDs ausgearbeitet. Damit können Sie den Glaubenskurs auch in einer Kleingruppe durchführen. Zur Vertiefung zwischen den Treffen empfehlen wir ebenfalls, das Teilnehmerheft zu benutzen.

Wie Sie auch immer mit dieser Schrift umgehen, wir wünschen Ihnen viel Freude und die Erfahrung der wohltuenden Nähe des Dreifaltigen Gottes.

Leo Tanner und Klemens Armbruster

1 Wenn später im Text die Ich-Form vorkommt, ist Leo Tanner gemeint.
2 Neu anfangen. Teilnehmerheft zum Glaubenskurs, WeG-Verlag.

1. Gottesbilder zeigen Wirkung

Eine junge Familie mit drei Kindern hat mich einmal zum Mittagessen eingeladen. Als ich in die Wohnung kam, begrüssten mich alle, mit Ausnahme der vierjährigen Tamara. Sie versteckte sich. Nur mit viel Mühe und Druck konnte die Mutter sie dazu bringen, sich mit uns an den gedeckten Tisch zu setzen. Dabei schaute sie unbeweglich vor sich hin. Nur ab und zu, ganz verstohlen, wagte sie, mich für einen Moment anzuschauen. Dann senkte sie sofort wieder den Kopf. Tamara hatte eindeutig Angst vor mir.

Während des Kaffees ging der Mutter auf einmal ein Licht auf. Sie sagte: «Ich bin schuld, dass Tamara so reagiert. Ich nahm sie in die Kirche mit, und weil ich sie mit guten Worten nicht zur Ruhe brachte, sagte ich ihr, ‹sei ruhig, sonst schaut dich der Pfarrer böse an!›» Wenn jemand böse schaut, dann ist er auch böse! Obwohl das Kind noch gar keine Begegnung mit mir hatte, hat sich tief in seinem Herzen eingeprägt, dass der Pfarrer böse ist. Folglich muss man sich vor ihm verstecken. Nun kommt ausgerechnet diese Person ins eigene Haus. Ja, und dann muss sich Tamara noch mit ihr an denselben Tisch setzen. Viel Angst und Qual musste sie ausstehen.

Wir sehen: Dieses Vor-Urteil, d.h. dieses Urteil, ohne zuvor eine Erfahrung gemacht zu haben, hatte ganz konkrete Folgen für Tamara. Sie litt unter dem Vor-Urteil. Es machte ihr Angst. Ihr Bild von mir und die Gefühle, die damals im Gottesdienst entstanden sind, signalisieren: «Hoffentlich geht der Pfarrer bald wieder, damit ich keine Angst mehr haben muss!»

Erfahrungen prägen

Diese Erfahrung zeigt: Vorurteile haben ihre Wirkung. Innere Bilder, die in uns entstanden sind, bevor wir echte Erfahrungen mit der Wirklichkeit machen, prägen. Mit Gott geht es uns ähnlich: Wir alle tragen Bilder von Gott in uns. Diese Bilder haben eine Wirkung. Viele dieser Bilder von Gott sind uns nicht bewusst. Sie sind mit den Erfahrungen der ersten Lebensjahre in den Bereich des Unbewussten eingesunken und dort gespeichert. Von dort her steuern sie uns, normalerweise ohne, dass wir dies merken. Je nachdem, wie unser Bild von Gott ist, verhindert oder ermöglicht es eine Begegnung mit der Realität Gottes. Das zeigt ein Gedicht von Eugen Roth, der ein Gottesbild in einem Gedicht so darstellt:

> Ein Mensch, der recht sich überlegt,
> dass Gott ihn anschaut unentwegt,
> fühlt mit der Zeit in Herz und Magen
> ein ausgesprochnes Unbehagen
> und bittet schliesslich Ihn voll Grauen,
> nur fünf Minuten wegzuschauen.
> Er wollte unbewacht, allein
> inzwischen brav und artig sein.
> Doch Gott davon nicht überzeugt,
> ihn ewig unbeirrt beäugt.

Wer ein solches Bild von Gott in sich hat, geht auf Distanz. Ja, am liebsten wäre es ihm, er könnte sich von diesem Gott befreien. Denn dieser Gott ist lästig. Er stört. Wie kann ein solches Bild entstehen?

«Kein Menschenwort ist so besudelt»

Der jüdische Philosoph und Theologe Martin Buber sagt: «Gott ist das beladenste aller Menschenworte! Keines ist so besudelt, so zerfetzt worden. Die Geschlechter der Menschen haben die Last ihres geängstigten Lebens auf dieses Wort gewälzt und es zu Boden gedrückt: Es liegt im Staub und trägt ihrer aller Last.» Das negative, «belastende Gottesbild» entsteht nach Martin Buber dadurch, dass die Menschen ihre Ängste, ihre Zweifel, ihren Schmutz, ihre Zwiespältigkeiten, ihren Schmerz, ihre Unsicherheiten, ihre Urteile und Vorstellungen in das Bild Gottes hineingelegt haben. Nun sehen sie dieses Dunkle und diesen Schmutz, der von ihnen stammt, und meinen, so sei Gott. So wird Gott für viele etwas Bedrohliches, Angstmachendes, Negatives.

Verständlicherweise wollen jedoch viele diesen bedrohlichen, angstmachenden Gott loswerden und auch nichts mehr von Ihm wissen. Wenn sie diesen Gott über Bord werfen, lösen sie sich nicht von der Realität Gottes, sondern von ihrem falschen Gottesbild. Solche Loslösungsprozesse können geradezu notwendig sein, um dem wirklichen Gott begegnen zu können.

Gott persönlich zu begegnen, dem wahren Gott zu begegnen, ist das grösste Geschenk. Das weiss der christliche Glaube aus Erfahrung. Es ist eine Freude, ein tiefes Glück, Gott kennen und mit Ihm leben zu dürfen. Denn in Ihm gibt es nichts Finsteres, Dunkles, Bedrohliches oder Einengendes, wie Johannes bezeugt: *«Das ist die Botschaft, die wir von ihm gehört haben und euch verkünden: Gott ist Licht, und keine Finsternis ist in ihm» (1 Joh 1,5).*

«Gönnt Ihr Gott Ihnen auch ...?»

«Ein Junge hatte Bonbons genascht, und seine Mutter hatte ihn erwischt. Da sie eine fromme Frau war und ihre Kinder religiös erzogen hatte, verwickelte sie ihren Sohn in folgendes Gespräch: «Aber Junge, weisst du denn nicht, dass der liebe Gott dich immer sieht und alles beobachtet, was du tust?» «Sicher, Mama, das weiss ich.» «Dann ist dir ja auch klar, dass Er dich eben in der Küche gesehen hat!» «Natürlich hat Er mir zugesehen!» «Und was hat Er wohl gesagt, als er zusehen musste, wie du genascht hast?»

Ich unterbreche hier und lade Sie ein, zunächst selbst zu überlegen, welche Antwort der Bub seiner Mutter geben könnte. Wenn Ihnen eine Antwort einfällt, lesen Sie weiter und vergleichen Sie. Vielleicht können Sie dabei etwas von Ihrem Gottesbild entdecken.

Der Bub antwortete der Mutter: «Nun, Gott hat gesagt: Mein Lieber, du und ich, wir sind gerade alleine in der Küche; nimm ruhig zwei Bonbons!»

Das Bild Gottes, das der Junge in sich trägt, ist sehr positiv. Es sagt ihm: «Gott gönnt dir die Bonbons. Er will, dass du das Leben geniessen kannst.» Gott zeigt sich als sein Verbündeter, der ihm hilft, sich aus den Engen, den Ängsten und Umklammerungen der Mutter zu lösen. Es geht hier nicht darum, dass Gott uns ermutigt, Böses zu tun und unmoralisch zu handeln. In diesem Sinn kann das Beispiel falsch verstanden werden. Wichtig ist: «Der wahre Gott gönnt uns alles, was uns wahrhaft gut tut und Er will sich nicht als Erziehungsmittel missbrauchen lassen.»

Wer ein solches Bild wie der Junge von Gott in sich trägt, der kann sich leichter der Wirklichkeit Gottes öffnen und sie erfahren. Doch gehen wir nochmals der Frage nach: «Wie entstehen diese Bilder von Gott?»

Elternerfahrungen können sich in Gefühlen festsetzen

Unser Bild von Gott wird vor allem durch unsere Elternerfahrungen geprägt. Kinder erleben ihre Eltern als grösser und «um-

greifender». Ebenso wird ihnen Gott als grösser und umgreifender vorgestellt. Die Art und Weise, wie wir unsere Mutter und besonders unseren Vater erlebt haben, übertragen wir meist unbewusst auf Gott. Gott ist für ein Kind zuerst die vergrösserte Mutter, der vergrösserte Vater.

War die eigene Mutter, der eigene Vater unberechenbar? Hat er willkürlich dreingeschlagen? Eine solche Erfahrung kann der Grund sein, dass wir heute das Gefühl haben: «Man weiss nie, wie man bei Gott dran ist. Letztlich ist Er unberechenbar. Man kann sich nicht ganz auf Ihn verlassen.»

Waren die eigenen Eltern, besonders der Vater, nie zärtlich, so kann dies der Grund für unsere Mühe sein, uns Gott als liebevoll und als zärtlich-liebenden und nahen Gott vorzustellen.

War der Vater oder die Mutter gerade dann abwesend, wenn wir sie unbedingt gebraucht hätten? Das kann zum Gefühl führen: «Gott ist in unserem Leben gar nicht da. Er sorgt, kümmert sich nicht um uns. Wenn wir Ihn brauchen, ist Er weg.»

Wirkten der Vater oder die Mutter einengend? Sagten sie oft: «Pass auf, dies oder das könnte passieren, jenes Unglück könnte sich ereignen ...!» Liessen sie uns keine Freiheit zur eigenen Entfaltung? Ermunterten sie uns nicht, selbst Initiativen zu ergreifen und etwas zu sagen, zu wagen? Dann kann dies als Folge das Gefühl in uns bewirken: «Gott will unser Leben einengen. Ohne Ihn haben wir mehr Freiheit.»

Haben wir von Vater und Mutter keine klare und gute Führung erfahren? Waren sie zu nachgiebig, zu schwach? Dies kann in uns das Bild von einem Gott hervorrufen, der unfähig ist, unser Leben gut zu führen. Also ist es besser, nicht zu vertrauen und alles selbst in die Hände zu nehmen.

Die erste Prägung des Gottesbildes geschieht unbewusst. Wir «saugen» dies meist einfach in uns auf. An diesem Punkt merken wir bereits: Wenn in unseren Gefühlen aufgrund der negativen Elternerfahrungen ein negatives Bild von Gott eingepflanzt ist, können wir uns diesem Gott gefühlsmässig nicht öffnen, weil die Gefühle blockiert sind. Wir können zwar beten, in Gottesdienste gehen, doch das Innerste bleibt auf Distanz. Es blockt innerlich ab: «Nur diesem angstmachenden, unberechenbaren, einengenden Du nicht zu nahe kommen!» Das ist die Botschaft der Gefühle. Solche Gefühle erschweren eine Begegnung mit Gott.

Verkündigung – auch durch moderne Medien

Diese Distanz kann verringert oder vergrössert werden durch die Art und Weise, wie mir Gott von Eltern, im Religionsunterricht und durch die Kirche sowie von den Medien nahe gebracht wurde.

Die Menschen älteren Jahrgangs haben oft ein angstmachendes Gottesbild erhalten. Wie bei Tamara, – «Sei ruhig, sonst schaut der Pfarrer böse» – ist Gott früher oft als Erziehungsmittel missbraucht worden. Wenn die eigene positive Motivation nicht mehr ausreichte, wurde die Angst eingesetzt. «Gott bestraft dich, wenn ...» Solche Angst kann uns innerlich tief blockieren. Mit dieser Angst operierte auch die Mutter im oben erwähnten Beispiel. Doch der Junge in der Geschichte hatte ein so positives Gottesbild, dass die Mutter Gott nicht mehr als Erziehungsmittel missbrauchen konnte.

Das Gottesbild vieler jüngerer Menschen ist nicht so eindeutig zu umschreiben, weil sie im Pluralismus der Weltanschauungen aufgewachsen sind. Viele stehen Gott beziehungslos gegenüber. Er ist wie ein Fremdwort, mit dem sie nichts mehr anzufangen wissen.

In diese Richtung weist auch die Erfahrung einer Jugendseelsorgerin. Sie bereitet 17-jährige Jugendliche auf die Firmung vor. Dabei kam sie auf die Kirche zu sprechen und stellte ihnen die Frage: «Welche Erfahrungen habt ihr mit der Kirche gemacht?» Innerlich stellte sie sich bereits darauf ein, negative Antworten zu hören. Doch die Jugendlichen fragten erstaunt: «Erfahrungen mit der Kirche?», und antworteten dann: «Keine».

Dennoch sind auch diese Menschen vorgeprägt. Ohne es zu merken, werden sie innerlich von Gedanken, Urteilen und Erfahrungen gesteuert. Da besitzen die verschiedenen Medien heute einen immer grösseren Einfluss. Sie verkünden Gott auf ihre Weise. Sie tragen Bilder und Vorstellungen von Gott und dem Glauben weiter: Uninteressant und unbedeutend – so lauten zwei Botschaften, welche viele Menschen unserer Zeit unbewusst prägen.

Das «Warum» des Lebens

Das Leben verwöhnt uns nicht. Wir erleben Ablehnung, Enttäuschungen, Mangel, Schmerz und vieles mehr, was uns weh tut. Das kann tief in uns Wunden, Angst, Trauer, Wut, Auflehnung und Schuldgefühle bewirken. Ja, es kann sich so etwas wie ein Schatten über unser Leben legen. Gefühle der Lebensverneinung wie «Ich bin im Weg, es wäre besser, wenn ich nicht da wäre»; «Ich bin nicht liebenswert»; «Ich wünsche mir nur, dass alles bald zu Ende ist»; «Das Leben ist sinnlos», können Ausdruck dieses Schattens sein. All das führt dann oft zur Frage: «Warum?»

Wenn Gott gut ist: Warum hat Er mir dann solche Eltern, eine solche Lebensgeschichte zugemutet? Warum muss das Leben so schwer sein? Warum gibt es so viel Leid in der Welt? Warum müssen Unschuldige leiden? Warum gibt es Krieg und so viel Ungerechtigkeit? Warum? Warum? Warum?

Darüber haben die Menschen zu allen Zeiten nachgedacht. Auch die besten Theologinnen und Theologen konnten diese Frage nicht eindeutig beantworten. Auch ich kann es nicht. Auch ich habe keine restlos befriedigende Antwort. Ich denke, wir alle müssen lernen, mit offenen Fragen zu leben. Und zwar so zu leben, dass das «Warum» nicht zu einer Mauer wird, die uns von Gott trennt, sondern zu einer Türe, die uns den Zugang zu Ihm in neuer Weise öffnet. (Vergleichen Sie dazu auch die Gedanken im Teilnehmerheft 1. Woche 5. Tag.)

Dazu eine Erfahrung aus meiner Studentenzeit in Salzburg. Dort lernte ich verschiedene Musikstudentinnen kennen. Eine von ihnen war Rita. Es entwickelte sich zwischen uns eine freundschaftliche Beziehung. So trafen wir uns oft am Sonntagabend zu einem Glas Wein. Sie wusste um mein Ziel, Priester zu werden. Wir plauderten über dies und jenes. Dann war auf einmal ein Thema da, das uns nicht mehr losliess. Rita fragte: «Warum gibt es den Zölibat?» Ich gab darauf Antwort, so gut ich eben konnte.

Zunächst wies ich auf den Sinn hin, dass Gott eine so reale und erfüllende Liebe bei dazu berufenen Menschen sein könne, dass diese auch ohne gelebte Sexualität erfüllt und glücklich sein könne. Doch Rita war damit nicht zufrieden.

Dann erwähnte ich, dass ein zölibatär lebender Mensch mehr Zeit und Freiraum für seinen Dienst habe. Er könne seine ganze Kraft und sein ganzes Herz für die ihm anvertrauten Menschen und Aufgaben einsetzen. Bei einem verheirateten Menschen nehmen hingegen die Partnerschaft und die Familie einen primären Stellenwert ein, sodass der Verheiratete nicht selten zwischen Familie und Dienst hin- und hergerissen sei. Doch Rita war immer noch nicht zufrieden. Immer wieder fragte sie «warum?»

Dann redete ich vom Problem der Verknüpfung von Priestertum und Zölibat, dem sogenannten Pflichtzölibat. Ich erklärte ihr, dass es lange Zeit auch in der katholischen Kirche verheiratete Priester gab und dass die Kirche diese Verknüpfung sofort lösen könnte. Doch auch damit war Rita nicht zufrieden.

Jeden Abend beherrschte dasselbe Thema unsere Gespräche. Allmählich ging mir dies auf die Nerven und ich ärgerte mich so sehr, dass ich eines Abends herausplatzte: «Rita, hör endlich auf damit! Ich mag dieses Thema nicht mehr hören, denn dies ist ja schliesslich mein Problem und nicht deines!» Kaum hatte ich das gesagt, fing sie an zu weinen. Ich war völlig verdutzt, bis sie nach einiger Zeit sagte: «Weisst du, Leo, ich liebe einen jungen Priester ...!»

Da ist mir aufgegangen: Viele Warum-Fragen sind keine Verstandesfragen und deshalb auf der Ebene des Intellekts nicht zu lösen. Oft verbirgt sich hinter dem Warum eine Not, ein Leiden, gegen das man sich wehrt. Das intellektuell scheinende Warum wird dann zum stillen Schrei: «Ich leide! Es tut weh! Wie kann ich diesen Schmerz, wie kann ich dieses Leiden bewältigen?»

Für Rita wäre es hilfreich gewesen, wenn ich ihre Not hinter dem «Warum?» erkannt hätte und auf sie eingegangen wäre. Es hätte ihr geholfen, wenn ich ihren Schmerz schweigend mit ihr ausgehalten hätte. Doch stattdessen habe ich mit meinen Erklärungen völlig an ihrer Not vorbeigeredet. Ich meinte es gut, aber es war verkehrt.

Im Schmerz können Worte, gerade auch gut gemeinte Worte, das Gefühl des Unverstandenseins und der Einsamkeit vergrössern. Gut gemeinte Ratschläge können im wörtlichen Sinn des Wortes zu Schlägen, Rat-Schlägen werden.

Von der Mauer zur Tür

Hilfreich ist es, die Not hinter den «Warum»-Fragen zu sehen und den Schmerz mitzutragen. So vermitteln wir dem Leidenden die Erfahrung: «Du bist nicht allein. Es ist jemand da, der dich versteht und dich in deinem Schmerz, deiner Wut, deiner Ohnmacht annimmt. Du darfst so sein, wie du bist.»

Die Erfahrung, in Schmerz und innerer Auflehnung angenommen und verstanden zu sein, ermöglicht es, nach und nach die Fixierung auf das grübelnde «Warum» loszulassen und die schmerzliche Realität anzunehmen. Zu solcher Annahme und dazu, den Blick nach vorne zu richten und nach dem «Wozu» zu fragen, möchte ich Sie ermutigen, wenn Sie im Moment ein «Warum» quält. Denn das «Warum» schaut zurück und fixiert. Es macht eng und nicht selten bitter. (Vom grübelnden «Warum» ist die analytische Frage nach möglichen Ursachen zu unterscheiden.)

Die Frage «Wozu» richtet den Blick nach vorne. Das «Wozu» öffnet. Wer nach dem «Wozu» fragt, dem kann der Schmerz zu einer Türe werden, die zur Begegnung mit Gott führt. Doch solange ein Mensch im Grübeln und im «Warum» verharrt, hält er an einer Mauer fest, die ihn von Gott und Seinem guten Weg trennt.

Der gute Gott will uns heilen und von Lebenslasten befreien. Er will uns – wie schwer auch immer unsere Lebenslasten sein mögen – zur Freude am Leben führen wie Petrus bezeugt: *«Du zeigst mir die Wege zum Leben, du erfüllst mich mit Freude vor deinem Angesicht» (Apg 2,28)*. Es geht ums Jetzt. Gott will uns jetzt Wege ins Leben und Wege zur Freude zeigen. Dazu ist es wichtig, sich mit der Vergangenheit zu versöhnen und sich jetzt diesen Wegen zum Leben zu öffnen!

Krank machende und heilende Gottesbilder

Die Bilder, die wir in uns tragen, haben Wirkung. Positive Gottesbilder wirken sich positiv auf unser Leben aus und negative entsprechend negativ. Schauen wir zwei solcher negativen Bilder und ihr biblisches Gegenüber an.

1. Nicht ein strafender Richtergott, sondern ein am Leben interessierter Gott

Der strafende Richtergott übt eine grosse Autorität aus. Er ist unbarmherzig. Jede Verfehlung fordert Strafe, ohne nach den Beweggründen zu fragen. Dieses Gottesbild hat seine Wurzel auch in der Bibel selbst. Auch dort finden sich Bilder vom strafenden Richtergott, vor allem dann, wenn man diese biblischen Bilder fundamentalistisch und ohne Verstehenshilfen betrachtet. Doch wir müssen die biblischen Schriften von ihrer eigenen Erzähl-Absicht her verstehen. Das heisst fragen: Was wollte der Erzähler erreichen.

So will uns Gott mit Seinen Geboten auch keine Lasten aufladen. Denn hinter allen Geboten, die von Gott kommen, steht Seine besorgte Liebe. Das zeigt sehr eindrücklich der Ort, wo die Menschen die zehn Gebote erhalten haben. Gott hat die Hebräer aus der Sklaverei und Unterdrückung in Ägypten befreit. Er hat sie zu einem Volk gesammelt und ihnen Wert und Würde gegeben. Nun gibt Er ihnen am Berg Sinai die zehn Gebote und sagt: Ich gebe euch zehn Hilfen, um in der neuen Freiheit zu leben.

Die Gebote sind Hilfen, Leitplanken, Angebote für ein gelingendes Leben. Gott will uns nicht das Leben schwer machen. Im Gegenteil! Er will uns vielmehr Gutes tun. Er will, dass wir uns und andere nicht verletzen. Er will, dass wir das Leben geniessen können. Er nimmt uns an, so wie wir sind, mit all unseren Schwächen, Grenzen und Fehlern. Er hat Geduld mit uns und lässt uns wachsen. Unser Glück und unsere Freude sind Ihm ein Herzensanliegen.

Gott ist nicht lieb, sondern *die Liebe*

Das zeigt das Bild: Zart und liebevoll hält die Mutter ihr Kind. Sie liebkost es. Sie will ihr Kind erfahren lassen, dass es angenommen und geliebt ist. So zart wie dieses Kind ist auch unsere Seele, unser Innerstes. Dort sind wir sehr verletzbar und auf Liebe angewiesen.

Da – in unserem Innersten – will uns Gott liebevoll und zart begegnen. Er will uns von innen her beleben, uns Freude und Glück schenken. Er will uns von innen her erfahren lassen, dass Er uns versteht und wir Ihm wichtig sind.

«Gott ist die Liebe» (1 Joh 4,8), das ist die zentrale Aussage der Bibel über Gott. Das heisst: Das ganze Sein Gottes ist Liebe. Er ist 100 Prozent Liebe ...! In Ihm gibt es nichts anderes als Liebe. Alles, was Er tut, ist Liebe. Ja, Er kann nicht anders, als lieben, als wahrhaft gut tun. Er ist *die Liebe* heisst, dass Er der Ursprung von Liebe ist und wir nur von Ihm her Liebe richtig verstehen können.

Liebe ereignet sich nicht im luftleeren Raum. Liebe ist Beziehung. Die erste Beziehung eines Menschen ist diejenige zu Mutter und Vater. Was bedeuten Vater und Mutter? Was für Wirklichkeiten sind damit angesprochen?

Vater und Mutter haben mit der Entstehung und Sorge um unser Leben zu tun. Sie sind der Grund, der Boden, aus dem unser Leben hervorgegangen ist. Sie tragen, nähren und schützen unser Leben. Gott als Vater und Mutter ist demnach die nährende und bejahende Liebe, die ganz hinter unserem Leben steht. Gott will, dass das Leben sich entfaltet und aufblüht. Gott liebt unser Leben und das Leben aller Geschöpfe. Er hat alles ins Dasein gerufen. Wir sind also restlos und ganz von Ihm gewollt! Wir sind Ihm wichtig.

Dieses liebende und engagierte Interesse will die Bibel zum Ausdruck bringen, wenn sie von Gott als Vater und Mutter spricht. Gott als Vater und Mutter ist das Bild für die totale Lebensbejahung, für die unentgeltliche Liebe.

Noch etwas hilft, das Bild von Mutter und Vater besser zu verstehen: Warum liebt eine Mutter ihr Kind bereits im Mutterleib? Liebt sie es, weil ihr Kind schön ist? Oder liebt sie es, weil ihr Kind gut oder klug oder ... ist? Nein, denn die Mutter weiss noch gar nicht, wie ihr Kind ist. Sie liebt ihr Kind, weil es ihr eigenes Kind ist. Das ist der Grund ihrer Liebe.

So liebt Gott uns Menschen, weil wir Seine Geschöpfe, Seine Kinder sind. Weil wir das immer bleiben, gleichgültig wie wir sind und uns verhalten, deswegen sind und bleiben wir immer geliebt. Solche Verlässlichkeit gibt Boden und Sicherheit.

2. Kein überfordernder Leistungsgott – vielmehr will Gott uns gut tun

«Man kann Gott nie zufrieden stellen, er verlangt immer noch mehr!» Dieser Satz einer 50-jährigen Frau zeigt den überfordernden Leistungsgott. Menschen mit diesem Gottesbild meinen arbeiten und nochmals arbeiten zu müssen. Sie sind überzeugt, alles durch Leistung verdienen zu müssen, auch den Himmel. «Gibst du mir, so geb ich dir!» Dieses Verdienst- und Vergeltungsprinzip treibt sie an.

In einer Gesellschaft, in der nur die Leistung zählt, wird dieses Prinzip von klein auf vermittelt. Oft genug wird in der Kindheit Leistung an Liebeserweise gebunden. «Wenn du eine gute Note nach Hause bringst, hab' ich dich lieb!» Gute Noten – gute Menschen: Das ist eine fatale Vergleichung.

Doch der wahre Gott ist anders. Die Bibel spricht von Gott als «Abba». «Abba, Papa» ist die Koseform von «Vater». Entsprechend können wir auch «Mama» einsetzen. Die Koseform weist auf die zärtliche Nähe von Eltern zu ihrem Baby hin. An ein Baby, an einen Säugling stellen Eltern keine Erwartungen. Babys müssen keine Leistungen für ihre Eltern erbringen – im Gegenteil. Die Eltern tun alles, damit ihr Kind gedeiht und Freude am Leben empfindet.

So ist der wahre Gott. Wir müssen uns nicht für Ihn abrackern, im Gegenteil: Er will uns gut tun. Er will, dass wir das Leben und auch die Leistung geniessen können. Er nimmt uns an, so wie wir sind mit all unseren Schwächen, Grenzen und Fehlern. Er hat Geduld mit uns und lässt uns wachsen. Wichtiger als Leistung und Erfolg ist Ihm, wie es uns geht.

Schritte auf dem Weg zur Heilung

Die erwähnten negativen Gottesbilder machen krank. Sie hindern am Leben und blockieren Glück und Lebensfreude. Darum die Frage: Wie können wir von ihnen befreit werden?

Kehren wir zu Tamara und ihrer Not «der Pfarrer ist böse» zurück. Die Geschichte hat nämlich eine Fortsetzung. Ein Jahr später war ich wieder bei dieser Familie zum Essen eingeladen. Und Tamara verhielt sich völlig normal. Zu meinem Erstaunen kam sie nach dem Essen zu mir. Mit beiden Händen auf dem Rücken fragte sie mich, welche Hand ich möchte. Dann gab sie mir ein Geschenk, einen selbst gebastelten Löwen.

In diesem Erlebnis wurde mir vor Augen geführt: Vorurteile können losgelassen werden. Die Heilung von inneren Bildern ist möglich. Dazu sind Schritte nötig.

1. Belastende Bilder erkennen – Gefühle zulassen

Tamara erlebte diesen Schritt so: Nach der «Schreckenserfahrung», dass «der böse Pfarrer» in ihr Haus kommt, hat ihre Mutter sich bei ihr entschuldigt. Sie bekannte ihre Lüge – der Pfarrer schaut böse – und versicherte Tamara öfters, dass ich ein lieber Pfarrer sei. Das ermöglichte ihr, mich in einem neuen Licht zu sehen.

Das zeigt einen ersten Schritt.Es kommt darauf an, dass man negative und falsche Bilder von Gott erkennt und sich an die Menschen und Situationen erinnert, die in uns solche Bilder ausgelöst haben. Das kann weh tun. Aber es ist ein heilender Schmerz. Dieses Bewusstmachen ist aber nicht so einfach, weil die uns in der Tiefe prägenden Bilder meist unbewusst sind. Viele meinen oft, positive Bilder von Gott zu haben, erleben aber Empfindungen von Angst, Unsicherheit und Druck.

Unsere Gefühle Gott gegenüber zeigen, welche Gottesbilder in uns wirksam sind. So ist es hilfreich, in die eigenen Gefühle hineinzulauschen: «Was empfinde ich tief in mir Gott gegenüber? Zieht es mich zu Ihm hin – wie zur wärmenden Sonne – oder ...?» Es ist wichtig, vorerst alles, was ist, in uns wahrzunehmen und zuzulassen. Vorerst darf alles sein wie es ist.

2. Die Entscheidung an Gottes Liebe glauben zu wollen

Wie Tamara oft hören musste, dass sie vor dem Pfarrer keine Angst zu haben braucht, so müssen wir immer wieder hören, dass der wahre Gott gut ist, dass wir Ihm ganz vertrauen dürfen. Da hilft es, die biblischen Bilder immer wieder zu betrachten und sie in uns aufzunehmen. Denn unsere inneren Bilder wandeln sich normalerweise Schritt für Schritt.

Viele Menschen haben mir immer wieder gesagt, wie heilsam es für sie sei, immer wieder zu hören, dass Gott sie ganz persönlich mag, dass Er sie gern hat, dass Er ihr Leben liebt. Oft brauchen Menschen viele solche Zusagen, damit sie mehr und mehr glauben können, dass Gott tatsächlich so ist. Da hilft es die guten biblischen Bilder wie zB. «Der gute Hirte», «der barmherzige Vater», ... immer wieder neu zu betrachten und sie in sich aufzunehmen. Denn innere Bilder wandeln sich normalerweise langsam, Schritt für Schritt.

3. Neue Erfahrungen wagen

Erfahrungen zu wagen, auch gegen innere Widerstände – das musste auch Tamara lernen. Sich abstützend auf die Worte ihrer Mutter wagte sie sich – trotz Angstgefühlen im Herzen – in meine Nähe. Sie liess Gesten von Zuwendung zu. So machte Tamara eigene Erfahrungen, auf die sie nun weiterbauen konnte. Darauf kommt es in unserem Leben an. Letztlich können wir nur auf eigene Erfahrungen bauen, die uns zeigen, dass Gott anders ist, grösser, liebender, befreiender als unsere Gefühle, Bilder und Vorstellungen von Ihm.

Wenn ich auf mein Leben zurückschaue, dann stelle ich fest, dass am Anfang meine Beziehung zu Gott von der Angst geprägt war. Dies hatte sich so gezeigt: Als ich in der 6. Klasse war, wusste ich schon, dass ich Priester werden sollte. Nun hatte ich damals etwas falsch gemacht. Da kam Angst in mir hoch, ja sogar Angst vor der Hölle. Dabei tröstete ich mich, indem ich mir sagte: «Ja, schau Leo, du wirst ja später Pfarrer und als Pfarrer wirst du ja schon in den Himmel kommen, auch wenn du jetzt im Moment ...» (Heute denke ich natürlich nicht mehr so!) Ich habe wirklich Angst gehabt.

Ich glaube, dass die Angst auch einen positiven Sinn hat. Die Angst ist wie eine Schranke, eine Leitplanke, die einen vor dem Absturz schützt, die einen hindert, in ein grösseres Verderben zu geraten. Bei mir war es so gewesen, dass die Angst mich zur Umkehr brachte. Sie hatte mich näher zu Gott geführt. Sie hatte mich zum Beten getrieben, und im Gebet hatte ich das Herz Gottes erleben dürfen. Nach und nach hatte mich eine Wärme, ein sanftes Glück und eine tief innere Liebe angezogen. Ich durfte erfahren, wie Er ist, und Er erfüllte mich mit einer riesigen Freude.

Und dann habe ich auch erfahren dürfen, dass die Angst vor Gott nur so lange Berechtigung im Herzen eines Menschen hat, bis der Mensch entschieden ernst macht mit Gott und sein Leben ganz Gottes Liebe anvertraut. Denn als mir aufging, dass der himmlische Vater 100 Prozent Liebe ist und mehr an meinem Heil und Glück interessiert ist als ich selbst, da habe ich gesagt: «Mach mit meinem Leben, was Du willst. Das ist das Allerbeste für mich.»

Ich erlebte nach diesem Schritt, wie sich die Angst mehr und mehr auflöste und Vertrauen, Gewissheit, Kraft und Freude in mein Herz kamen. Noch heute erlebe ich, wie das Gottesbild sich ständig wandelt und Gott immer befreiender wirkt.

SK

Meditation: Mose erfährt Gott

Dazu lade ich Sie ein, das Bild von Sieger Köder anzuschauen. Wir sehen Mose in der Wüste. Nachdem er zu Beginn seines Lebens auf wunderbare Weise gerettet wurde und an den Hof des Pharao kam, musste er fliehen. Warum? Mose wollte den Hebräern, seinen unterdrückten Stammesgenossen, helfen. So erschlug er einmal kurzerhand einen ägyptischen Aufseher, der einen Hebräer in ungerechter Weise traktierte. Als dies bekannt wurde, floh Mose vor dem Pharao in die Wüste. Damit war sein Traum aus, der Befreier seines Volkes zu sein. Mose war gescheitert. Enttäuscht, resigniert hütete er Schafe. Die Last der Vergangenheit quälte ihn. Er sah keinen Sinn und keine Zukunft mehr. So hütete er Tag für Tag, Jahr für Jahr, Schafe in der Wüste.

Eines Tages entdeckt er einen Dornenstrauch, der brennt und doch nicht verbrennt. Dornensträucher sind nutzlos. Sie werden von den Hirten nicht geliebt, weil die Schafe darin stecken bleiben und sich verletzen. So taugt der Dornenstrauch eigentlich zu nichts, ausser zum Verbrennen. Doch ausgerechnet im Dornenstrauch, der brennt und nicht verbrennt, begegnet dem Mose Gott. Das bedeutet, Gott begegnet ihm am Ort des Scheiterns, des Versagens, der Enttäuschung und der Niederlage.

Die rote Farbe weist auf Liebe und Wärme hin. Gott begegnet Mose voll Liebe, Wärme und Verständnis. Mose wendet sich Gott zu. Aus Respekt vor dem Geheimnis Gottes hat er die Schuhe ausgezogen. Er verneigt sich vor Ihm. Er will hören, was dieser ihm zu sagen hat. Gott sagt ihm, er solle die Israeliten aus Ägypten herausführen. Da fragte Ihn Mose, wer Er denn sei und wie Er heisse. Darauf sagt ihm Gott Seinen Namen: *«Ich bin der ‹Ich-bin-da›» (Ex 3,14).*

Im Bild sehen wir die Buchstaben «Ich bin der Ich-bin-da» im Feuer. Feuer bedeutet Wärme. Etwas davon fällt auf den Kopf von Mose. Gottes Licht und Wärme berühren ihn. Mose erfährt konkret, dass Jahwe für ihn persönlich da ist. Er wird erfasst von der Wärme, vom Feuer Gottes. In dieser Begegnung mit Gott beginnt sich sein Leben zu erhellen. Es wird warm in ihm.

Mose erfährt, dass Gott ihn mit seinem ganzen Versagen annimmt. Er sagt: Immer war ich für dich da. Jetzt bin ich für dich da. Auch in Zukunft werde ich immer für dich da sein.

So hat Mose Gottes Liebe konkret erfahren. Diese Erfahrung liess ihn seine Vergangenheit, seine Gegenwart und seine Zukunft in einem neuen Licht sehen. Mose wurde ein anderer. Ein neuer Weg begann.

Gott ist immer für uns – für Sie und für mich – da. Er sagt:

«Ich bin in allen Situationen für dich da.
Ich bin da, wenn du Angst hast.
Ich bin da, wenn du allein bist.
Ich bin da, wenn du meinst, es geht nicht mehr weiter.
Ich bin da, wenn du keinen Sinn mehr siehst.
Ich bin da, wenn du dich selbst nicht ausstehen kannst.
Ich bin da, wenn du dich nach Zärtlichkeit sehnst.
Ich bin da, wenn du dich schwer tust, dich zu entscheiden
Ich bin da, wenn du stark sein solltest und dich schwach fühlst.
Ich bin da, wenn du dich überfordert fühlst und vor Sorgen nicht schlafen kannst.
Ich bin da, wie ein Freund, der dich nie im Stich lässt.
Ich bin da, wie eine Mutter, die mit dir fühlt, dich ganz versteht.
Ich bin da, wie ein Vater, der dir Hilfe und Führung gibt.
Immer bin ich für dich da.»

Ich lade Sie ein, diese Worte nachklingen zu lassen. Fühlen Sie sich angesprochen – von Ihm angesprochen?

Liebe Leserin, lieber Leser
Vielleicht haben einige Impulse Sie angeregt. Vielleicht sind Gedanken gekommen: Wie sieht das in meinem Leben aus? Welche mir nicht bewussten Gottesbilder beeinflussen mich?
Wenn Sie dieses Heft als Wegprozess gebrauchen möchten, lade ich Sie ein, hier innezuhalten. Vielleicht dient es, die Punkte im gelesenen Text, die Ihnen nahe gingen, auf Ihre Lebensgeschichte hin zu befragen. Auf jeden Fall lade ich Sie ein, nun zum Teilnehmerheft zu greifen, um das Gelesene zu vertiefen.

2. Glaubenskrisen werden Chancen

Wir alle haben Prägungen und Erfahrungen, die in uns Bilder von Gott entstehen liessen. Entscheidend jedoch ist, dass wir Gott persönlich begegnen, so wie Mose, dem sich Gott am brennenden Dornbusch als «Ich bin da für dich» geoffenbart hat. Gott ist da für uns. Gott persönlich begegnen – dazu ein Gebet:

«Du mein Gott, geheimnisvoll bist Du da.
Ich trage ein Bild von Dir in meinem Herzen.
Ich weiss nicht, ob mein Bild gross und weit genug ist, Dich zu fassen.
Hilf Du mir, Dich und Deine Schönheit zu erfassen.
Nimm mich auf Deine Schultern und trage mich.
Lass mich bei Dir ganz geborgen sein. Amen.»

«Nimm mich auf Deine Schultern und trage mich. Lass mich bei Dir ganz geborgen sein.» Das wünschen sich viele. Wie können wir das aber stärker erfahren?

Ulrich Ludolf erzählt: Auf dem Bahnsteig um 17.10 Uhr. Es regnete. Ein Betrunkener mit einer Bierflasche wankt auf mich zu. Ich will mich abwenden, da tippt er mit seiner Flasche gegen meine Brust und fragt: «Glaubst du an Gott?» Darauf bin ich nicht gefasst. Soll es ein Witz sein? Mir ist die Sache peinlich. Aber ich kann ihm nicht ausweichen. So sage ich unüberlegt, spontan: «Ja...!» Ich will noch weiterreden, erwarte die Reaktion: «Na, dann zeig ihn mir mal, deinen Gott!» Aber er sagt nur: «Mensch, hast du es gut!» Erst in diesem Augenblick schaue ich ihn richtig an. Sein Gesicht ist müde, kaputt.

«Mensch, hast du es gut!» Warum hat es ein Mensch, der an den biblischen Gott glauben kann, gut? Was ist denn dran am «Glauben»?

Nach dem Glauben fragen

In unserem täglichen Sprachgebrauch kommt das Wort «glauben» oft vor. Reden wir vom Wetter, dann können wir hören: «Ich glaube, morgen wird das Wetter wieder gut.» Diskutieren wir über einen Wettkampf: «Ich glaube nicht, dass Hans das Rennen gewinnt.» «Glauben» bedeutet da, nicht wissen, meinen, vermuten.

Das Wort «Glauben» wird noch anders verwendet: «Da, schau mal, der glaubt noch an den Storch!» «Meinst du, ich glaube an das Christkind?» Glauben meint hier, nicht mit der Realität verbunden zu sein, sondern in kindischen Vorstellungen zu leben.

«Ich kann die Sache nicht durchschauen, so muss ich sie halt glauben.» Da sind wir von einer Sache nicht überzeugt. Es fehlen sichere Fakten und Beweise. Da ist Glaube eine Notlösung.

Doch biblischer Glaube meint keine unsichere, schwammige Angelegenheit. Noch weniger hat biblischer Glaube mit der Flucht in Illusionen, mit Blindheit gegenüber der Realität, mit Märchen, Notlösungen oder billigem Trost zu tun. Glauben ist viel konkreter, wie wir noch sehen werden.

Glauben ist etwas anderes als religiös sein. Religiös sind mehr oder weniger alle Menschen. «Der Mensch ist unheilbar religiös» (Berdjalew), das heisst, er sucht nach etwas Grösserem. So verehren die Menschen verschiedenes: Natur, Sterne, Idole, die Wissenschaft und verschiedene Götter.

Glauben ist auch etwas anderes als Wissen. Denn Wissen allein macht nicht glücklich. Was nützt es einem Menschen, wenn er viel über die Liebe weiss, jedoch keine Liebe erfährt? Was nützt es jemandem, wenn er weiss, wie man Brot backt, aber jetzt, wo er Hunger hat, besitzt er kein Brot zum Essen? Was nützt es, viel über Gott und seine Liebe zu wissen, aber nicht in Kontakt mit Gott, mit dieser Liebe zu sein? Glauben ist auf eine Art mehr als Wissen.

Glaube in der Krise

Über Glaube zu reden, ist heute gar nicht einfach, denn, wenn wir unsere Zeit anschauen, müssen wir von einer Krise des christlichen Glaubens reden. Der Glaube an den biblischen Gott und die Sinn stiftende Kraft der Kirche haben weitgehend an Einfluss verloren. Die Kirchen leeren sich. Interne Spannungen und Konflikte, mangelnde Anpassung an die heutige Gesellschaft können Ursachen dafür sein, dass sie an Ausstrahlungskraft verloren hat. Doch das ist nicht der alleinige Grund.

Denn die ganze Gesellschaft steht weltweit in einem umfassenden Wandlungsprozess und die Kirche ist nur ein Element in diesem umfassenden Prozess. Wir gehen auf eine neue Form der Kirche zu, die wir noch nicht kennen. Da ist es gut, diesen Wandlungsprozess in einem kurzen geschichtlichen Überblick zu betrachten.

Geschichtlicher Überblick

In den ersten drei Jahrhunderten war das Christentum eine Minderheit, die verachtet und oft blutig verfolgt wurde. Deshalb trafen sich die Gläubigen in kleinen Gruppen im Untergrund. Christin und Christ wurde man durch eine bewusste persönliche Entscheidung, die mit klaren Konsequenzen verbunden war. Zu diesen Konsequenzen gehörten unter anderem gesellschaftliche Nachteile, das Risiko von Verfolgung – aber auch ein intensives soziales und geistiges Leben in der christlichen Gemeinde.

Am Ende des dritten Jahrhunderts begann die Akzeptanz der Christen. Als Kaiser Konstantin 313 Christ wurde, anerkannte er das Christentum als gültige Religion, ja es wurde sogar nach einiger Zeit zur Staatsreligion erhoben. Nun wandten sich Scharen dem Christentum zu, weil dies gesellschaftliche Vorteile mit sich brachte. Staat und Kirche, Christentum und Gesellschaft gingen von da an über Jahrhunderte Hand in Hand.

Was vor zweihundert Jahren in den Geisteswissenschaften und durch die Aufklärung begann, wurde ab den 60er Jahren des letzten Jahrhunderts offensichtlich: Die Verbindung von Gesellschaft und Kirche begann sich – in den einzelnen europäischen Ländern unterschiedlich schnell – aufzulösen.

Wir erleben heute zum ersten Mal in der Geschichte der Christenheit die Situation, dass Menschen ohne Religion auskommen und die Glaubensweitergabe von einer Generation zur anderen nicht mehr funktioniert. Eltern, oft selbst verunsichert und suchend, können – auch zusammen mit der Kirche – den Glauben nicht mehr einfach an ihre Kinder weitergeben. Sie stossen an Grenzen.

Wir leben heute in unseren christlich geprägten Ländern zunehmend in einer multikulturellen und multireligiösen Gesellschaft. Der christliche Glaube ist ein Glaube unter anderen geworden. Wer heute glaubt – wird schnell belächelt! Wir sind als Glaubende zu einer Minderheit geworden und werden in Frage gestellt.

Persönliche Glaubenskrisen

Diese Krise kann Auswirkungen auf unseren persönlichen Glauben haben. Wir selbst können in Glaubenskrisen geraten. Vieles kann solche Krisen auslösen:

Die gesellschaftlichen Veränderungen und der Wandlungsprozess in der Kirche verunsichern: Früher war alles klar und die meisten Menschen teilten die gleichen Glaubensauffassungen. Heute dagegen sind wir – je nach Ort unterschiedlich – eine kleine Gruppe unter verschiedenen Gruppierungen und Religionen geworden. Wir sind als Glaubende zu einer Minderheit geworden und werden in Frage gestellt. Das zeigt sich in der negativen Presse, welche die Kirche oft hat. Da können Fragen aufkommen wie: Lohnt es sich als kleine Gruppe noch zu glauben? Was gilt heute überhaupt noch?

Persönliche Enttäuschungen: Da können wir treu gelebt und vielleicht auch gebetet haben, und dann ist etwas Leidvolles passiert. Wo ist da Gott? Ja, und dann können wir vielleicht noch sehen, dass es anderen, die nicht so gut leben, besser geht als uns. Das kann Zweifel aufkommen lassen. Wir verstehen Gott nicht mehr.

Eltern können sich fragen: Was haben wir falsch gemacht, dass unsere Kinder nicht mehr in den Gottesdienst gehen, nicht mehr glauben? Oft leiden Eltern unter dieser Situation und machen sich Vorwürfe.

Andere wiederum begegnen Menschen, die an ganz Unterschiedliches glauben und zu verschiedenen christlichen, religiösen und esoterischen Gruppen gehören. Sie kommen mit dem Islam und Buddhismus in Kontakt. Sie selbst haben jedoch ihren eigenen christlichen Glauben nur am Rande mitbekommen. Man ging zwar zur Erstkommunion und zur Firmung… Nun aber werden sie unsicher und fragend: Kenne ich überhaupt den eigenen, christlichen Glauben? Um was geht es beim christlichen Glauben? Was unterscheidet uns von anderen Glaubensrichtungen?

Krisen verunsichern, und genau da liegt auch die Chance. Denn Krisen fordern uns heraus, neu hinzuschauen und neu zu fragen. So kann die Chance gerade darin bestehen, den Glauben nicht mehr gedankenlos als ein Glaubensgebäude oder Glaubenssystem zu übernehmen, sondern neu nach dem Kern des christlichen Glaubens zu suchen.

Kardinal Jean-Marie Lustiger (1981–2005 Erzbischof von Paris) glaubt, dass Gott sich eine neue Form der Kirche wünscht. So sagte er vor einigen Jahren in einer Ansprache in Augsburg: «Das Christentum fängt erst an. Es steigt gerade aus den Kinderschuhen. Es beginnt überhaupt erst. Es hatte noch keine Chance, sich zu entwickeln.»

Aus den Kinderschuhen steigen bedeutet: selbst entscheiden, selbst für den eigenen Glauben Verantwortung übernehmen. Wir sind persönlich angefragt. Die heutige Situation fordert uns zu einer persönlichen und bewussten Entscheidung als erwachsene Menschen heraus. Erwachsener Glaube ist gefragt!

Das zeigt: Krisen sind nicht schlecht. Krisen können Reifeprozesse anstossen. Krisen können zu Chancen werden, denn Krisen fordern auf, neu hinzuschauen und neue Fragen zu stellen.

Krisen können Chancen werden.

Glauben hat mit Herz zu tun

Das deutsche Wort «glauben» meint von der Wurzelbedeutung her lieben und loben, mit jemandem in liebender Zuneigung und herzlicher Hingabe vertraut sein. Glauben heisst somit, sich auf ein Du zu verlassen, an eine Person sein Herz zu hängen.

Das lateinische Wort für ‹ich glaube› heisst «credo». Das Wort «credo» ist zusammengesetzt aus «cor» (Herz) und «dare» (geben). «Credo» meint wörtlich: Sein Herz geben oder genauer: Ich gebe mein Herz. Herz hat mit Beziehung, mit Freundschaft zu tun.

Ich denke an eine Mutter, die ein sehr liebes, tüchtiges und gutes Mädchen kennt. Sie möchte, dass ihr Sohn dieses Mädchen heiratet. Also lädt sie es ein, wenn ihr Sohn zu Hause ist. Damit ermöglicht sie einen Kontakt, aber sie kann nicht bewirken, dass der Funke in beide Herzen springt. Die Mutter kann keine Liebesbeziehung zwischen ihrem Sohn und der jungen Frau machen.

So wichtig für die Weitergabe des Glaubens in Familie und Pfarrgemeinde eine Atmosphäre ist, die Glauben fördert, die Glauben als etwas Positives erleben lässt, Glaube ist dennoch nicht machbar. Folglich ist die Frage: «Was haben wir falsch gemacht, dass unsere Kinder nicht mehr glauben?» eine falsche Frage. Sie könnten alles richtig, ja heilig gelebt haben – und Ihre Kinder glauben vielleicht dennoch nicht.

So wenig, wie Glauben anerzogen werden kann, ist er vererbbar. Denn Glaube hat immer mit einer freien Entscheidung des Herzens zu tun. Das heisst, Gott geht persönlich auf den einzelnen Menschen zu und jeder Mensch muss sich selbst Gott öffnen. Jeder muss persönlich in eine Freundschaft mit Gott eintreten. Niemand kann dies für jemand anderen tun.

Gott in unserem Leben entdecken

Wenn wir Gottes Freundschaft entdecken, dann wandelt sich unser Leben. Es wird hell. Ich denke an einen jungen Mann, der seiner Freundin schrieb: «Ich weiss nicht, wie viel Dank ich dir schuldig bin. Als ich dich kennen lernte, begann ich, mich selber besser zu verstehen. Bis dahin war ich einsam. Ich hatte mein Leben gleichsam im Schlaf verbracht. Seitdem du in mein Leben gekommen bist, ist es in mir hell geworden.»

Das Leben dieses jungen Mannes hat mehr Sinn und mehr Farbe bekommen. Sein Leben wurde spannender, interessanter und erfüllter durch diese neue Beziehung. Ähnliches bewirkt der Glaube, die lebendige Freundschaft mit Gott. Eine neue Liebe, ein neues Licht ist da.

Zunächst ist wichtig zu sehen, dass die Initiative immer von Gott ausgeht. Er macht den ersten Schritt. Er offenbart sich zu Seiner Zeit und an Seinem Ort. Bei Mose war dies am brennenden Dornbusch.

Mose hat, wie alle Menschen damals, religiös gelebt. Er hat an Gott geglaubt. Doch erst in der persönlichen Begegnung am brennenden Dornbusch ist Gott für ihn ein konkretes, lebendiges Du geworden. Da hat er das Erbarmen Gottes erfahren. Mose, der gescheitert war, der niedergedrückt war von der Last seiner Vergangenheit, der in seinem jetzigen Leben keinen Sinn mehr sieht, erfährt abgrundtief die Liebe Gottes. Dieser Gott lässt Mose erkennen, dass Er ihn versteht und nicht fallen lassen hat. Im Gegenteil! Er hat etwas Neues mit ihm vor.

Diese Erfahrung liess ihn seine Vergangenheit, seine Gegenwart und seine Zukunft in einem neuen Licht sehen. Mose wurde ein anderer. Ein neuer Weg begann, der Weg des bewussten Lebens mit Seinem Gott. Mose hat erfahren, worauf es im Glauben ankommt: Gott zu vertrauen, Gott zu erfahren.

Drei wiederkehrende Grundzüge

Die Erfahrungen, die Mose gemacht hat, lassen sich verallgemeinern. Bei allen Menschen, die mit Gott zu tun bekommen haben, finden sich drei wiederkehrende Grundzüge:

1. Gott allein kennt die Zeit, wann Er ins Leben eines Menschen kommen will. Wenn Gott sich einem Menschen offenbart, zeigt Gott ihm Sein abgrundtiefes Erbarmen und Seine grosse Liebe. Er lässt den Menschen erfahren: Genauso wie du jetzt bist, bist du mir wichtig. Du bist geliebt.

2. Gott meint jeden Menschen ganz persönlich. Das meinen wir, wenn wir sagen: Gott spricht jeden mit Namen an. *«So spricht der Herr, der dich geschaffen hat: Fürchte dich nicht, denn ich habe dich ausgelöst, ich habe dich beim Namen gerufen, du gehörst mir» (Jes 43,1).* Dieses persönliche Angesprochen-Werden hat zur Folge, dass nach einer persönlichen Antwort gefragt wird. Wir können nicht mehr sagen, «aber die Kirche, aber die anderen, aber der und die tun

und sagen doch ...» Nein – wir sind ganz persönlich angefragt. Meine Antwort kann mir niemand abnehmen.

3. Gott nimmt den, den Er anspricht, hinein in Seine Heilsgeschichte. Gott will mit ihm Seine Heilsgeschichte weiterführen. Gott ruft den Menschen in Seinen Plan, auf Seinen Heilsweg. So beginnt im Glaubenden immer ein Verwandlungsprozess, ein neuer Weg, eine neue Dimension von Leben. Wir sehen dies bei Mose. Als der lebendige Gott in sein Leben kam, begann ein neuer Weg. Er erhielt eine Sendung. Gott zeigte ihm, zu welch Grossem Er ihn berufen hat. Berufung bedeutet: Ich habe etwas mit dir vor! Du bist mir einzig wichtig!

Gott sucht uns

Wie kann Gott in unserem Leben zur konkreten Erfahrung werden? Die Bibel sagt: *«Gott ist ein verborgener Gott» (vgl. Jes 45,15).* Gott liebt es also, verborgen in unserem Leben und in unserer Welt gegenwärtig zu sein. Dennoch kann Er entdeckt werden. Ja, Er selbst möchte sich uns zu erkennen geben. Er möchte Sein Dasein und Seine Liebe offenbaren. Wie?

In den verschiedensten Situationen kann er leise an unsere Herzenstüre klopfen.

– Im persönlichen Berührt sein

Sie lesen in einem Buch. Sie sehen einen Film. Sie hören, wie jemand von seinem Leben erzählt. Sie begegnen einem leidenden Menschen. Sie betrachten die Natur. Sie hören eine Predigt, einen Vortrag. Auf einmal fühlen Sie sich angesprochen. Sie merken: «Das geht mich an! Eigentlich sollte ich ...! Das wäre es, wage es!»

Es können ganz leise Ahnungen sein, kaum wahrnehmbare Impulse, und dennoch fühlen Sie sich angesprochen. Angesprochen von wem? Wer oder was spricht Sie an? Vielleicht können Sie darauf gar keine Antwort geben. Sie fühlen es einfach so. Die Bibel nennt das, was Sie anspricht «Gott».

– Durch andere

Andere erzählen voll Freude, was sie erlebt haben, was ihnen gut tat, was Befreiung in ihr Leben brachte. Dann gibt Ihnen jemand vielleicht eine Kassette: «Das musst du mal hören», oder jemand gibt Ihnen ein Buch. Andere laden Sie zu einem Treffen ein, «Komm doch!» und Sie lassen sich ein und erfahren dann: Irgendwie tut mir das gut! So kann Gott uns durch andere ansprechen.

– In Enttäuschungen

Wenn Sie es im Moment vielleicht schwer haben, wenn vieles in Ihrem Leben zerbrochen ist, dann kann es sein, dass Gott Sie darin leise anspricht und auf einen neuen Weg ruft. Vielfach spricht Gott uns in Leid und schweren Enttäuschungen an. Denn oft werden wir erst dann, wenn wir selbst nicht mehr weiterwissen, offen für Ihn und Seine Wege. Der Mensch geht normalerweise oft lange seine eigenen Wege. Die eigenen Pläne und Unternehmungen, aber auch die eigenen Sorgen und Ängste füllen ihn meist so aus, dass er die leise Stimme Gottes gar nicht hört.

– In der Sehnsucht nach ...

Irgendwann im Leben steht jede und jeder vor der Frage: Warum lebe ich? Warum bin ich eigentlich auf dieser Welt? Was soll dieses Leben? Dabei spürt man eine Unruhe und Sehnsucht im Herzen. Es muss doch noch mehr geben in diesem Leben, mehr Freude, mehr Glück, mehr Erfüllung. ... So geht der Mensch auf die Suche. In der Suche nach Sinn, in der Sehnsucht nach mehr Leben, nach mehr innerem Frieden, mehr Liebe und Freude, spricht Gott uns an. Er möchte uns zur lebendigen Quelle des Lebens hinführen und uns zeigen, wo wir Erfüllung finden können.

– Durch Zu-Fälle

Normalerweise spricht Gott in dem zu uns, was wir im Alltag und wie wir den Alltag erleben. Gottes helfende Hand kann in vielen Ereignissen erfahren werden. Die einen begnügen sich damit, diese Ereignisse dem «Zufall» zuzuordnen, andere fragen weiter: Von wem ist es mir zugefallen? Dann können sie entdecken: Gott hatte Seine Hand im Spiel. Glückliche und heilende Zufälle werden in der Sprache der Bibel manchmal «Wunder» und «Zeichen» genannt.

Ein gläubiger Christ wurde einmal gefragt, woher er denn wisse, dass bestimmte Ereignisse Wunder seien und keine blossen Zufälle. Er antwortete: «Ob es Zufälle oder Wunder sind, weiss ich nicht. Ich weiss nur, wenn ich bete, ereignen sich viel mehr glückliche Zufälle.»

– Durch die Gemeinschaft der Glaubenden

Der biblische Gott geht in besonderer Weise den Weg der Menschen mit, die glaubend mit Ihm gehen und für Ihn leben. In ihren Alltagserfahrungen, sowie deren geschichtlichen Ereignissen ist Er gegenwärtig.

Der Ort, an dem Gott am meisten zu uns spricht, sind deshalb unsere Glaubengemeinschaften: die Kirche. Wer Glaubensgeschwister gefunden hat und mit ihnen das Leben und den Glauben teilt, wird vor allem in solchen Gemeinschaften Gottes weise Führung und Hilfe erfahren.

Will ich Gott wirklich hören?

Gott spricht in den Erfahrungen des Lebens, in den Zeichen der Zeit zu uns. Doch hören wir Seine Stimme? Gottes leise Stimme kann leicht überhört werden. Darum die Frage: Möchten Sie wirklich Gottes Stimme hören? Oder möchten Sie in Ihren Vorstellungen, Plänen und Urteilen bestätigt werden?

Wenn Sie Gottes Stimme hören wollen, werden Sie sie auch hören. Gott spricht auf vielfältige Weise und immer wieder zu uns. Jede und jeden von Ihnen hat Er bereits angesprochen, sonst würden Sie dieses Heft nicht lesen. Denn in dem, was Sie dazu geführt hat, können Sie seine Stimme erkennen. Ein Lehrer erzählt: Um meine Klasse das Hören zu lehren, machte ich folgende Übung. Ich sagte der Klasse, dass sie in den folgenden fünf Minuten «Pause» spielen dürfe. Sofort begannen die Schüler laut zu reden und gingen im Zimmer umher. Während dieser Zeit sagte er halblaut ununterbrochen vor sich hin: «Wer jetzt zu mir kommt, erhält einen Euro.» Doch kein Kind kam, weil es keiner hörte. Sie waren zu lärmig und zu sehr mit sich beschäftigt.

So geht es uns vielfach mit dem leisen Anruf Gottes. Wir nehmen Ihn nicht wahr, weil es zu «laut» in uns und um uns herum ist. Wenn Sie Gott in Ihrem Leben eine Chance geben möchten, dann lade ich Sie ein, in Ihr Leben, in Ihre Sehnsüchte, in Ihre Enttäuschungen hineinzulauschen. Dort spricht Gott leise zu Ihnen.

Gott ist in Jesus Christus für uns da

Wir haben bisher einfach von «Gott» gesprochen. Doch Gott ist selbst konkreter geworden: Er offenbart sich in Jesus Christus. In besonderer Weise spricht Gott durch Jesus Christus zu uns. *«Viele Male und auf vielerlei Weise hat Gott einst zu den Vätern gesprochen durch die Propheten, in dieser Endzeit aber hat er zu uns gesprochen durch seinen Sohn» (Hebr 1,1).*

Propheten sind Menschen, die sich von Gott in den Dienst nehmen liessen, Sein «Sprachrohr» zu werden. Auf einmalige Weise wurde Jesus von Nazaret Sein «Sprachrohr». In Seinem Reden und Tun, in Seiner Art, zu leben und mit den Menschen umzugehen und sich den Menschen zuzuwenden, wurde sichtbar und erfahrbar, wie Gott zu uns Menschen ist. Wenn wir Jesu Leben, einzelne Lebenssituationen oder Seine Gleichnisse näher betrachten, können wir entdecken, wie Gott unter uns Menschen handelt. *«Wer mich sieht, sieht den Vater» (vgl. Joh 14,9).*

In Jesus Christus ist Gott selbst zu uns gekommen. In Ihm ist Jahwe, der «Ich bin da», zu uns gekommen. In Ihm begegnet uns Gott. In Jesus Christus streckt uns Gott Seine Hand entgegen. In Ihm bietet uns Gott Seine Freundschaft an.

Sich Jesus anvertrauen

Glauben heisst, die Freundschaft, die Gott uns in Seinem Sohn anbietet, anzunehmen. Ich denke an eine junge Mutter. Zum Nachdenken zog sie sich in eine Kapelle zurück. Während sie so ihre Gedanken wälzte, schaute sie auf einmal die Statue vorne an. Sie sah Maria, die Jesus auf ihrem Arm trug. Und Jesus hatte die Weltkugel in der Hand. Vielleicht hat sie diese Statue schon öfter gesehen.

Doch nun machte es «Klick». Auf einmal wurde ihr klar: Jesus trägt die Welt und deshalb mich. Ich bin mit meinen Sorgen nicht allein. Jesus kümmert sich auch um mich. Er trägt mich mit meinen Sorgen und Lasten.

Klemens Armbruster erzählt: «Eines Tages, während ich mich auf den Priesterberuf vorbereitete, wurde mir schlagartig klar: Meine Hände sind leer. Ich habe ja gar nichts, was ich als Priester den Menschen bringen konnte. Ich fühlte mich so nutzlos. Ein Kollege lud mich ein, meine Sorgen Jesus anzuvertrauen und mich von ihm an die Hand nehmen zu lassen. Ich betete vor Aufregung ganz kurz: «Jesus, nimm mich an der Hand und führe Du mich!» Das hat er Schritt für Schritt getan. Heute komme ich mir keineswegs nutzlos vor. Ich darf Jesu Frohe Botschaft den Menschen bringen und ich darf erleben, wie diese Botschaft den Menschen gut tut.»

Glauben heisst, sich Jesus anvertrauen. Ich lade Sie ein: Probieren Sie das aus. Legen Sie im Gebet Ihre Sorgen, Ihre Ängste, Ihre Anliegen und Ihre Zweifel in Seine Hände. Bitten Sie Ihn, Er möge um all das besorgt sein. Bitten Sie Ihn, Er möge Ihnen zeigen, was Sie dazu beizutragen haben. Überlassen Sie alles Weitere Ihm, und Sie werden erfahren, dass Er für Sie da ist. Manches mal jedoch nicht so, wie Sie sich das vorgestellt und gewünscht haben – und dennoch werden Sie erfahren, dass Er für Sie da ist.

Ich denke an den fünfjährigen Bruno: Bruno hasste es, die Zähne zu putzen. Immer, wenn ihn seine Mutter dazu aufforderte, stöhnte und klagte er. Er wollte seine Zähne einfach nicht putzen. Schliesslich ging er eines Tages zu seinem Grossvater in die Ferien. Ja, und was sah er da am Abend? Grossvater hatte es gut. Er konnte seine Zähne einfach herausnehmen, diese und eine Tablette in ein Glas geben und dann sprudelte es herrlich. «Das ist es!», dachte Bruno. Am Abend ging er ins Bett, faltete die Hände und betete: «Lieber Gott, ich bitte dich, gib mir solche Zähne, wie der Grossvater sie hat!»

Wenn er augenblicklich solche Zähne bekäme, wäre Gott dann gut? – Wohl kaum! So ist es oft in unserem Leben: Viele Bitten, Wünsche, die wir haben, sind kurzsichtig und, auf das ganze Leben bezogen, nicht gut. Darum erhört Gott nicht alle Wünsche. Seine Erhörung besteht oft darin, uns Sinn, Einsicht, Kraft und Freude zu geben «unsere Zähne zu putzen», was immer das auch ist. Oft schenkt Er uns ein stärkendes oder auch korrigierendes Wort. Gerade darin können wir entdecken, dass Er wirklich für uns da ist.

Der heilige Augustinus (354–430) sagte einmal: «Gott erhört dich vielleicht nicht nach deinem Willen, aber Er erhört dich zu deinem Heil.»

Freundschaft mit Jesus leben

Alfons Maria von Liguori (1696–1787) schreibt: «Sprich vertraulich und mit grenzenlosem Vertrauen zu Ihm, wie zu deinem besten Freund, der ganz von Liebe erfüllt ist. Sprich oft mit Gott – von deinem Leben, von deinen Plänen, von deinen Sorgen, von deinen Freuden und Befürchtungen – über alles, was dich bewegt; vor allem aber sprich vertraulich und offen über alles mit Gott. Sprich deine Gedanken voll Vertrauen aus. Denke daran, dass niemand – Freund oder Verlobte, Vater oder Mutter, Schwester oder Bruder – dich mehr liebt als dein Gott! Diese tiefe Freundschaft, die Gott uns anbietet, ist ein kostbarer Schatz. So können wir alle, wie arm und fehlerhaft wir auch sein mögen, zu Freunden Gottes werden.»

Das ist Freundschaft: Erzählen Sie Ihm, was Sie erleben und was Sie bewegt. Er ist immer da: Morgens, mittags, abends und nachts. Bei allem, was Sie erleben, ist Er dabei. Er ist dabei, wenn Sie aufstehen, sich waschen, «guten Morgen» sagen, das Frühstück essen, zur Arbeit fahren, sich vor einer Verkehrsampel ärgern ... immer ist Er da und interessiert sich für Sie. Noch mehr: Er möchte für Sie da sein, Ihnen beistehen, Ihnen helfen, Ihnen Weisheit und Kraft geben, sich mit Ihnen freuen, Ihre Enttäuschungen und Sorgen teilen.

Jesus will uns in allen Situationen wahrhaft Freund sein. Wir können mit Ihm reden. Er interessiert sich für alles, was Sie erleben; für Ihre neuesten Kochrezepte, für den Fussball, für die Musik, die Sie gerne hören, für Ihre Ferienpläne, für ihre Finanzen. Er interessiert sich für Ihre Gesundheit, wie es Ihnen in Ihren Beziehungen geht. Er interessiert sich für Ihre Familie, für Ihr Hobby, für Ihre Sorgen, Ängste und Leiden. Er interessiert sich für alles in Ihrem Leben. Und Er hat immer Zeit. Immer können wir mit Ihm reden.

Doch reden allein genügt nicht. Denn eine gute Beziehung ist ein Dialog, ein Miteinander. Es gilt also, auch auf Jesus zu hören: Wie siehst Du das? Wie möchtest Du, dass ich mich in dieser Beziehung, ... verhalte? Was ist Dir wichtig? Was hast Du damit vor? Was möchtest Du jetzt von mir? Wie kann ich Dir eine Freude machen?

Meditation: Sich dem guten Hirten anvertrauen

Glaubenskrisen werden Chancen. Besonders in Krisen kann die liebende Sorge des grossen Gottes konkret erfahren werden. Dazu ein Bild von Sieger Köder.

Ich lade Sie ein, im Bild «der gute Hirte» vorerst nur die feiernden und leuchtenden Gesichter in der unteren Bildhälfte anzuschauen.
Was fällt auf?
Was zeigen die Gesichter dieser Menschen?
Auf wen oder was blicken wohl diese Menschen, die in einem Halbkreis dasitzen?
Was macht sie so fröhlich?
Warum bringen sie Blumen?
Was feiern sie?

Wir schauen uns nun eine Gestalt nach der andern an. Wir betrachten den Hirten, das Schaf, den Dornbusch und die Spuren im Sand. lm Zentrum sehen wir einen Mann. Er trägt ein Schaf um die Schultern. Mit seinen übergrossen Händen hält er es behutsam. Das Schaf ist müde. Zärtlich neigt es seinen Kopf zum Mann hin. So berühren sich beide. Rechts sind Spuren im Sand, die zu einem grossen Dornbusch führen. Darin ist noch Wolle zu sehen und – bei genauerem Hinsehen – auch Blut. Dies erinnert an eine sehr schmerzliche Vergangenheit, an Wunden, Ängste, Einsamkeit und Verirrung.
Doch all das ist jetzt vorbei.
Der Hirt hat das Schaf gerettet.
Liebevoll hat er es um seinen Nacken gelegt.
Seine übergrossen starken Hände geben ihm Halt, Wärme und Geborgenheit.
Das Schaf spürt sein Verständnis und seine Nähe.
Es weiss sich mit seiner ganzen Vergangenheit angenommen.
Es darf sein, und es ist gut so.
Es darf sich ganz diesem Hirten anvertrauen, sich ihm überlassen.
So wird alles gut.

Diesen Hirten feiert die Menge. Sie freut sich über ihn. Das ganze Bild strahlt diese Freude aus, dargestellt in der übergrossen Sonne. Gott ist Freude und will, dass wir uns am Leben freuen. Die Schmetterlinge weisen auf Leben, auf entfaltetes, beglückendes Leben hin. Gott will, dass unser Leben aufblüht. Er will, dass wir Heilung, Ge-

borgenheit und bleibende Freude finden. Das Bild lädt zur Freude, zur Mitfreude über den guten Gott ein. *«Freut euch mit mir; ich habe mein Schaf wiedergefunden, das verloren war» (Lk 15,6b).*

Der gute Hirt will auch heute Heilung, Hilfe, Geborgenheit und Freude bringen. Er sucht auch uns – Sie und mich. Er möchte auch Sie liebevoll auf Seine Schultern nehmen und Ihnen gut tun. Können Sie sich Ihm, so wie Sie jetzt sind, anvertrauen?

Liebe Leserin, lieber Leser

Krisen können Chancen werden, müssen es aber nicht. Es kommt ganz entscheidend darauf an, wie wir in Krisen handeln. Das gilt auch für den christlichen Glauben. Gut ist es, in sich hineinzuhören, wo uns Gott jetzt begegnen will, damit die Chance des Neuanfangens ergriffen wird. Dazu kann das Teilnehmerheft wie auch die Meditation eine Hilfe sein.

3. Jesusbegegnung ermöglicht Neues

Jesus als Freund möchte mit uns leben und gut zu uns sein, indem Er auf unsere tiefsten Sehnsüchte eingeht. Wir tragen drei Grundsehnsüchte in uns.

1. Die Sehnsucht nach Leben-Dürfen: Jeder Mensch möchte ganz er selbst sein dürfen. Er möchte so, wie er ist, mit seinem Äusseren, mit seinem Inneren und mit seiner ganzen Lebensgeschichte bejaht und angenommen sein. Der Mensch sehnt sich nach der Erfahrung, dass er so sein darf, wie er ist und dass er darin jederzeit ganz angenommen ist.

2. Die Sehnsucht nach Gemeinschaft und Lieben-Können: Wir Menschen sind für die Gemeinschaft geschaffen. In guten Beziehungen können wir uns entfalten. Wir leben auf. Nichts kann uns mehr verletzen, als abgelehnt und ausgestossen zu werden.

Mit dieser Sehnsucht nach Gemeinschaft ist eng verbunden die Sehnsucht, ein guter Mensch zu sein. Tief in uns allen steckt die Sehnsucht, gute Menschen zu sein. Dieser Wunsch ist uns so sehr ins Herz geschrieben, dass auch jene Menschen, die Böses tun, darin etwas Gutes sehen müssen. Sie können nicht ohne Weiteres und im Frieden mit sich selbst böse sein.

Wir möchten gut sein, ein weites, liebendes Herz haben und uns an andere Menschen verschenken können. Wir möchten uns am Wohlergehen aller Menschen freuen. Wir möchten mutig für das Wahre und Gute einstehen. Ja, Heldinnen und Helden der Liebe zu sein, das wärs! Instinktiv spüren wir: Dann wären wir glücklich. Dann würde die Liebe ungehindert zu allen Menschen fliessen. Das – so erahnen wir – wäre wirklich gutes Leben.

3. Die Sehnsucht nach einer Aufgabe: Der Mensch will mittun und mitarbeiten. Das erleben wir bei Kleinkindern. Sobald sie etwas tun können, wollen sie ihren Beitrag leisten. Denn eine Aufgabe zu haben zeigt, dass unser Leben wertvoll ist.

«Sie sind ein wertvoller Mensch.» Diese Worte tun gut. Sie beleben. Sie steigern unser Wohlbefinden. Das zeigt, dass wir uns nach einer Aufgabe sehnen, wodurch andere uns und damit auch wir uns selbst als wertvoll erfahren.

Sehnsucht nach dem Leben

Nun aber klappt das nicht immer so mit unseren Sehnsüchten. Wir erfahren nämlich auch Ablehnung. Wir erleben gespannte Beziehungen. Wir spüren Negatives in uns. Das kann Folgen haben. Unsere Sehnsucht verstecken wir dann schnell hinter einer Maske.

Jesus legt Sehnsüchte frei

So ist es auch einer Frau aus Samaria gegangen. Von ihr wird im Johannes-Evangelium erzählt, dass sie in Sychar, einem Ort in Samarien, zur Mittagszeit zum Jakobsbrunnen ging, um Wasser zu holen. Sie kommt mittags, zur Zeit der grössten Hitze, weil sie nicht gesehen werden will.

Da sitzt überraschend ein ihr fremder Mann am Brunnen. Er sitzt da, als hätte er auf sie gewartet. Noch dazu ist es ein Jude, mit denen die Samariter ein gespanntes Verhältnis haben. Entgegen aller orientalischen Verhaltensregeln – Männer reden in der Öffentlichkeit nicht mit Frauen – spricht dieser Mann sie an. Ja, noch mehr: Er bittet um einen Dienst. *«Gib mir zu trinken!» (Joh 4,7)* Die Frau ist überrascht. So kommen beide ins Gespräch über «lebendiges Wasser», über die tieferen Sehnsüchte des Lebens.

Wasser brauchen wir nicht nur für unseren Körper, auch unsere Seele hat Durst, sie braucht lebendiges Wasser. Jesus sagt zur Frau: *«Wer von diesem Wasser trinkt, wird wieder Durst bekommen; wer aber von dem Wasser trinkt, das ich ihm geben werde, wird niemals mehr Durst haben; vielmehr wird das Wasser, das ich ihm gebe, in ihm zur sprudelnden Quelle werden, deren Wasser ewiges Leben schenkt.» (Joh 4, 13–14).* Das wäre eine tolle Sache, wenn es ein Wasser gäbe, das nie mehr Durst macht. Deshalb sagte die Frau: *«Herr, gib mir dieses Wasser, damit ich keinen Durst mehr habe und nicht mehr hierher kommen muss, um Wasser zu schöpfen» (Joh 4,13–15).*

Jesus ahnt, dass hinter diesem Wunsch eine tiefere Sehnsucht liegt. Deshalb geht Er den Weg mit ihr weiter und konfrontiert sie mit ihrem eigenen Leben: *«Geh ruf deinen Mann und komm wieder her! Die Frau antwortete: Ich habe keinen Mann. Jesus sagte zu ihr: Du hast richtig gesagt: Ich habe keinen Mann. Denn fünf Männer hast du gehabt und der, den du jetzt hast, ist nicht dein Mann. Damit hast du die Wahrheit gesagt» (Joh 4,16–18).*

Sanft und liebevoll führt Jesus diese Frau dahin, ihre Sehnsucht nach Liebe wahrzunehmen. Schon fünfmal ist sie in Beziehungen mit Männern gescheitert. Wie viel Not, Einsamkeit und Schmerz hat diese Frau erlebt! Wie oft trieb ihre Sehnsucht nach Liebe sie dazu, sich Männern hinzugeben, und genau in dieser Sehnsucht ist sie enttäuscht, missbraucht und weggestellt worden. Nun ist sie oft mit einem Mann zusammen, der nicht ihr gehört. Die Enttäuschung scheint auch hier vorprogrammiert zu sein.

Auch Jesus hätte ihr in dieser verurteilenden Haltung begegnen und ihr ihre zweifelhaften Beziehungen vorhalten können. Doch Jesus verhält sich anders: Er schaut tief hinein ins Herz der Frau. Dort sieht Er ihre Sehnsucht nach Geliebt werden und Lieben können, nach Herzensheimat und Geborgenheit. Er sieht ihre Not, ihre Wunden, ihre Enttäuschungen und nimmt sie in ihrem Schmerz an. *«Ich habe keinen Mann.»* Zweimal bestätigt dies Jesus, indem Er antwortet: *«Du hast richtig gesagt»* und *«Damit hast du die Wahrheit gesagt.»* Sie hatte Beziehungen mit Männern, aber die wahre, tiefe, edle Liebe eines Mannes, der sie versteht, der sie in Treue liebt und der ihre tiefsten Bedürfnisse und Sehnsüchte bejaht, hat sie nicht gefunden. So hat sie keinen wirklichen Mann.

Die Frau fühlt sich erleichtert. Endlich einer, endlich ein Mann, der tiefer sieht, der ihr Herz sieht. Endlich einer, der sie nicht verachtet, sondern ihren Schmerz mit ihr teilt. Endlich ein Mann, vor dem sie sich nicht verstecken muss. Endlich verstanden und angenommen zu sein, das tut so gut!

Die Frau schaut in den Brunnen. Der Brunnen ist ihr eigenes Leben, ihr Herz. Darin gibt es Helles und Dunkles. Sie sieht vieles, was sie traurig macht, was in ihrem Leben zerbrochen ist und wonach sie sich sehnt. Tief im Brunnen, tief in sich, sieht sie ihr eigenes Gesicht, sich selbst, ihre übergrosse Sehnsucht.

Neben ihrem Gesicht entdeckt sie ein zweites, das Gesicht eines Mannes. Beide sind nur getrennt durch einen Lichtstrahl von oben. Der Mann wendet sich ganz der Frau zu. Sein Mund ist leicht geöffnet, als möchte er sagen: «Ich kenne dein Leben. Ich kenne deine Sehnsüchte. Deine Sehnsüchte sind gut. Ich verstehe dich und steh ganz zu dir. Du bist nicht allein.»

Die Frau neigt sich ihm vertrauensvoll zu. Sie erfährt vielleicht zum ersten Mal Annahme und Verständnis in ihren tiefen Sehnsüchten und Bedürfnissen. Das tut ihr so wohl.

Jesus ist die Gabe Gottes

Die Erfahrung des tiefinneren Angenommenseins bewirkte eine Wandlung in der Frau. Sie fühlte sich in ihrem Wert und ihrer Würde bestätigt.

Die Frau entdeckt:

– Jesus ist das Geschenk Gottes. In Ihm begegnet ihr Gottes Liebe.
– Durch Jesus kann sie die Wahrheit ihres Lebens zulassen. Jesus zeigt ihr ihre Wahrheit und die verborgene und beschämende Not so, dass sie nicht beschämt wird und alles annehmen kann. So kann in ihr ein Heilungsweg beginnen.
– Ihre Sehnsucht nach Leben, nach Verstanden- und Angenommensein, diese Sehnsucht, die sie zu den Männern trieb, ist zutiefst eine Sehnsucht nach der Liebe Gottes. Nur Gott kann ihr das geben, wonach sich ihr Herz sehnt.
– Die Sehnsucht nach Leben in Fülle, nach ewigem Leben, lässt sich nicht mit Irdischem füllen.

Durch das Erfahren der Liebe Gottes kommt – ohne dass sich in ihrer äusserlichen Lebenssituation etwas ändert – eine neue Dynamik in ihr Leben. Sie erlebt eine solch grosse innere Freude, Gewissheit und Kraft, dass sie ihre Opferrolle loslässt. Mutig steht sie auf. Sie geht jetzt auf die anderen zu und verkündet ihnen, was sie erlebt hat. *«Da liess die Frau ihren Wasserkrug stehen, eilte in den Ort und sagte zu den Leuten: Kommt her, seht, da ist ein Mann, der mir alles gesagt hat, was ich getan habe: Ist er vielleicht der Messias? Da liefen sie hinaus aus dem Ort und gingen zu Jesus» (Joh 4,28–30).* Die Frau, die sich bisher aus Angst vor den Urteilen der anderen zurückzog, steht zu einem neuen Leben auf. Sie geht jetzt auf die anderen zu und zeigt ihnen, wo sie Annahme und Wahrheit, Verständnis und neues Leben finden können. So wandelt sich diese Frau.

Schritte ins Leben

Nicht nur Frauen können sich wandeln. Nicht nur Frauen nehmen Sehnsüchte in sich wahr, auch bei Männern ist es so. Einer dieser Männer war Nikodemus, ein älterer Mann und führender Pharisäer *(vgl. Joh 3,1–13).* Weil viele seiner Pharisäerkollegen Jesus ablehnten, hatte er Angst, öffentlich zu Ihm zu gehen. Darum wandte er sich eines Nachts an Jesus: *«Rabbi, wir wissen, du bist ein Lehrer, der von Gott gekommen ist; denn niemand kann die Zeichen tun, die du tust, wenn nicht Gott mit ihm ist.*

Jesus antwortete ihm: Amen, amen, ich sage dir: Wenn jemand nicht von Neuem geboren wird, kann er das Reich Gottes nicht sehen. Nikodemus entgegnete ihm: Wie kann ein Mensch, der schon alt ist, geboren werden? Er kann doch nicht in den Schoss seiner Mutter zurückkehren und ein zweites Mal geboren werden. Jesus antwortete: Amen, amen, ich sage dir: Wenn jemand nicht aus Wasser und Geist geboren wird, kann er nicht in das Reich Gottes kommen. Was aus dem Fleisch geboren ist, das ist Fleisch; was aber aus dem Geist geboren ist, das ist Geist. Wundere dich nicht, dass ich dir sagte: Ihr müsst von Neuem geboren werden. ... Nikodemus erwiderte ihm: Wie kann das geschehen?» (Joh 3,2–9)

Der Sehnsucht trauen

Nikodemus hatte mit eigenen Augen gesehen, dass überall dort, wo Menschen mit Jesus in Berührung kamen und sich Ihm öffneten, ihr Leben neu, heil und gut wurde. Deshalb fragte er sich: «Wie kann das bei mir geschehen, denn auch ich möchte neu, offener, mutiger, liebender werden. Wie kann ich ein neuer Mensch werden?»

Nikodemus sehnte sich nach Wandlung. Die Sehnsucht ist der innere Motor, die Energie zum Vorwärtsgehen. Die eigene Sehnsucht wahrzunehmen, zuzulassen und ihr zu folgen, ist der erste Schritt der Wandlung. Die Sehnsucht führt zum Wunsch: Ich will mich wandeln.

Hilflosigkeit eingestehen

Im Verlaufe des Gesprächs sagte Jesus deshalb zu Nikodemus: *«Was aus dem Fleisch geboren ist, ist Fleisch» (Joh 3,6).* «Fleisch» meint das Können, das Bemühen, die Möglichkeiten und Fähigkeiten des Menschen. Mit anderen Worten sagt Jesus: Du kannst dich noch so bemühen, du kannst dich noch so anstrengen, du kannst es mit all deinen Kräften und all deinem Einsatz allein nicht selbst bewirken. Du kannst nicht allein aus dir heraus neu werden. Denn, wenn deine Kräfte und Möglichkeiten dazu wirklich ausreichen würden, dann hättest du dich schon längst selbst verändert. Aber die Tatsache, dass du es bisher nicht selbst geschafft hast, zeigt, dass es alleine nicht geht.

Das Eingeständnis der Hilflosigkeit und der Ohnmacht, die Bejahung der Realität ist der zweite Schritt. Doch dieser Schritt gelingt nur schwer. Etwas in mir wehrt sich gegen das Eingeständnis: Das ist meine Not, meine Schwäche, mein Problem. Es ist für uns nicht einfach, einzugestehen: So bin ich. Da bin ich schwach. Da erfahre ich mich gebunden. Da ist etwas Hartes in mir. Da spüre ich Blockaden, Komplexe, Widerstände.

Wir tun uns oft schwer, der Realität ins Auge zu sehen und es vorerst dabei zu belassen. Dies oft deswegen, weil in vielen ein Urteilsgeist lebt. Alles wird sofort beurteilt und bewertet. Gut – böse; darf sein – nicht sein; passt mir – passt mir nicht; müsste so und so sein. Manchmal lebt auch ein Machergeist in uns, der sofort alles verändern will. Darum fällt es uns schwer, vorerst alles zuzulassen und einfach anzuschauen. Doch ohne das geht es nicht. Denn nur was wir zulassen und annehmen, kann sich wandeln.

Das hat mit Demut zu tun. Das lateinische Wort für Demut heisst «humilitas». Da steckt das Wort humus – Boden drin. Demut hat wesentlich mit dem Stehen auf dem Humus des eigenen Lebens zu tun. Demut ist der Mut zur totalen Ehrlichkeit. Es ist der Mut zur Wahrheit. Es ist der Mut, alles anzusehen und anzunehmen, auch meine Schwäche und Ohnmacht, ohne mich dadurch minderwertig zu fühlen.

Minderwertigkeit zeigt, dass ich nicht demütig bin. Ein wirklich demütiger Mensch weiss, dass er unabhängig von seinen Leistungen ein Königskind, ein Kind der Liebe ist. Ebenso weiss er um den Wert und die Würde, die ihm von Gott her zukommt und die ihm nie mehr genommen werden kann. Darum lässt er sich diese Würde auch nie nehmen. Äusserliche Unterwürfigkeit mit einem murrenden Herzen ist kein Zeichen von Demut, sondern zeugt eher von Feigheit. Wer wirklich demütig ist, kann äusserliche Entwürdigung annehmen und zugleich innerlich aufrecht als Königskind dastehen.

Verzichten, alles selbst machen zu wollen

Wenn wir einsehen und zugeben, dass wir es mit unseren eigenen Kräften nicht schaffen, dann ist es dumm, nicht nach dieser Erkenntnis zu handeln. Anders gesagt: Wenn wir klug sind, verzichten wir in Zukunft darauf, alles selbst und allein machen zu wollen.

Als Beispiel kann der Rettungsschwimmer dienen. Ich habe mir sagen lassen, dass es für einen Rettungsschwimmer die Gefahr gibt, selbst zu ertrinken. Das kann dann geschehen, wenn der Ertrinkende durch allerlei Bewegungen sich selbst noch zu retten versucht und sich dabei am Rettungsschwimmer festhält. Der Ertrinkende kann nur gerettet werden, wenn er aufhört, sich in Panik selbst retten zu wollen.

Doch etwas hat der Ertrinkende zu tun: Er muss der Kraft und den Fähigkeiten des Rettungsschwimmers vertrauen und sein Leben ihm anvertrauen. Genau das meint Jesus, wenn Er zu Nikodemus sagt: Du musst neu geboren werden. Du brauchst ein neues Leben. Du brauchst eine neue Kraft, eine Kraft, die du nicht aus dir heraus hast.

Auf ein neues Fundament bauen

Für Nikodemus war dies sehr schwer zu verstehen. Da wurde ihm ein ganzes Leben lang beigebracht, er müsse sich nur noch mehr und noch mehr anstrengen, sich zusammenreissen, dann würde es gehen. Jetzt soll es auf einmal anders sein? Jetzt sollte er auf einmal loslassen und einer neuen Kraft vertrauen? Jetzt sollte er seine Probleme, Sorgen und Ängste nicht mehr selbst und alleine lösen, sondern übergeben, in die Hand eines anderen legen?

Nikodemus ist verdutzt, als Jesus zweimal zu ihm sagt: Du musst neu geboren werden. Du musst dir etwas grundlegend Neues schenken lassen. Du musst dir einen neuen Boden, ein neues Fundament schenken lassen. Du musst lernen, dich zu entspannen und dich einer neuen Kraft zu überlassen. Du musst dir eine neue Geburt, ein neues Leben, eine neue Kraftquelle, einen neuen Boden schenken lassen und zwar *«aus Wasser und Geist»*.

«Wasser und Geist» sind nicht Leistung des Menschen, sondern Geschenk Gottes. *«Wasser und Geist»* weisen auf die bedingungslose Liebe hin. Sie zeigen, was Gott für uns sein und was Er für uns tun möchte. Das Handeln Gottes ist die neue Quelle. Das Wirken Gottes ist das neue Leben, die neue Geburt.

Ein Mystiker fragte einmal seine Schüler: «Worin besteht die rechte Gottesverehrung?» Sie antworteten ihm: «Darin, dass man Gott liebt und seinen Nächsten wie sich selbst!» Der Meister schüttelte den Kopf: «Nicht darin, dass wir Gott und unseren Nächsten lieben. Wer meint, er liebe Gott und seinen Nächsten, der steht noch unter einem Zwang. So sollt ihr vielmehr sprechen: «Ich glaube fest, dass Gott mich liebt.» Darin liegt die rechte Gottesverehrung.

Ich glaube fest, dass Gott mich mag, mich so liebt, wie ich jetzt bin. Ich glaube ganz fest, dass Gott für mich da ist, dass Er mir gut tun möchte. Das ist das neue Fundament.

Das ist die neue Quelle. Wenn wir Gottes Liebe zu uns annehmen und in uns wirken lassen, dann wächst in uns Neues heran: Liebe zu unserem eigenen Leben, Liebe zu Gott und Liebe zu den Mitmenschen. Damit beginnt ein innerer Wandlungsweg.

Die froh machende Botschaft

«Ich glaube ganz fest, dass Gott mich liebt.» Das ist die Quelle des neuen Lebens. Aus der Quelle trinken heisst, sich von Gott lieben zu lassen, Gottes Liebe anzunehmen, sich Gottes Führung und Gottes Sorge zu öffnen. Diese neue Quelle ist Jesus selbst, ist Seine Liebe, Sein Dasein für uns.

Jesus lehrte Nikodemus eine neue Art, mit seinem Leben, mit seinen Sorgen, Ängsten und Schwächen umzugehen. Das war für ihn und die meisten Menschen damals ganz neu. So überrascht es nicht, dass die erste Bezeichnung für die Christen *«Anhänger eines neuen Weges» (Apg 9,2)* lautet. Diesen neuen Weg hat Jesus von Anfang an verkündet.

Kehrt euch der Liebe zu

«Die Zeit ist erfüllt. Das Reich Gottes ist nahe. Kehrt um und glaubt an das Evangelium» (Mk 1,15). «Die Zeit ist erfüllt» heisst: Jetzt ist die Zeit da. Wenn ein Glas Wasser voll ist und wir mehr Wasser hineinschütten, läuft es über. So ist es jetzt. Die Wandlungskräfte Jesu laufen über. Gott schenkt jetzt seine Liebe. Sein Geist will überströmen, hineinströmen in unsere Welt, in unser Leben.

«Das Reich Gottes ist nahe.» Reich Gottes meint: Gott bringt jetzt Seine Möglichkeiten ins Spiel. Gott will jetzt wirken. Gott will Seine Kraft offenbaren. Gott schenkt Befreiung und Heilung. Gott bietet eine neue Lebensquelle an. Er schenkt einen radikalen Neuanfang. Radikal (lateinisch radix: Wurzel) meint, neu verwurzelt werden, aus neuen Wurzeln Nahrung zu beziehen. *«Niemand näht ein Stück neuen Stoff auf ein altes Kleid; denn der neue Stoff reisst doch vom alten Kleid ab und es entsteht ein noch grösserer Riss. Auch füllt niemand neuen Wein in alte Schläuche. Sonst zerreisst der Wein die Schläuche; der Wein ist verloren und die Schläuche sind unbrauchbar. Neuer Wein gehört in neue Schläuche» (Mk 2,21–22).* Es

geht also nicht darum, das bisherige Leben zu flicken und auszubessern wie ein zerrissenes Kleid. Es geht nicht darum, dies und jenes am eigenen Leben zu verändern, sondern aus einer neuen Quelle Leben zu schöpfen.

Gott selbst befähigt zu diesem neuen Leben

Überall, wo Jesus hin kam und die Menschen sich Seinem Wirken und Seinen Heilskräften öffneten, blühte das Leben auf. Menschliches Leben wurde heil, gesund, stark. Es entfaltete sich. Die Leute staunten. So etwas hatten sie noch nie gesehen: Er macht alles gut. Sie spürten: Da ist eine neue Kraft am Werk. Die Menschen drängten sich um Jesus, weil sie diese heilende Kraft erfahren wollten. Lukas schreibt: *«Alle Leute versuchten, ihn zu berühren; denn es ging eine Kraft von ihm aus, die alle heilte» (Lk 6,19).*

Manche werden jetzt sagen: Ja, damals sind die Menschen Jesus auch wirklich begegnet! Aber was ist heute?

Bei genauerer Betrachtung sehen wir, dass unsere Situation gar nicht so verschieden ist von der Zeit damals! Denn soweit wir wissen, hat Paulus den irdischen Jesus nie gesehen. Also war er in der gleichen Situation wie wir heute.

Paulus jedoch erzählt, wie er Jahre nach dem Tod Jesu plötzlich dessen Stimme hörte. Jesus sprach ganz persönlich zu ihm. Paulus erfuhr die Liebe Jesu Christi. Durch diese Jesusbegegnung wurde aus dem Christen-Verfolger ein Christus-Begeisterter, ein «Christusfan», der an die Philipper schreibt: *«Ich sehe alles als Verlust an, weil die Erkenntnis Jesu Christi, meines Herrn, alles übertrifft. Seinetwegen habe ich alles aufgeben, … um Christus zu gewinnen und in ihm zu sein» (Phil 3, 8–9a).*

Diese Begegnung faszinierte und bewegte Paulus so sehr, dass er von da an den Menschen Jesus verkündigen musste. Dabei machte er die Erfahrung, dass dort, wo die Menschen sich seiner Jesusverkündigung öffneten, *Jesus selbst* ihnen im Herzen nahe kam und sie persönlich ansprach.

Damit lassen sich drei Beobachtungen zusammenfassen:

1. Die Jesusbegegnung geschieht durch alle Zeiten hindurch: Die Jesusbegegnung ist also nicht etwas Zurückliegendes, was sich nur vor zweitausend Jahren abgespielt hat, sondern sie ereignet sich durch die Zeiten hindurch, und vor allem dort, wo Jesus verkündet wird und wo Jesus gefeiert wird.

2. Die Begegnung findet im «Herzen» des Menschen statt: Die Verkündigung kann uns Menschen im «Herzen» berühren. Dort, im Herz, im «inneren Ohr» des Menschen wird Jesus gehört. «Ich habe von Jesus schon viele Geschichten gehört und viele theologische Bücher gelesen», kann ein Mensch sagen, aber dies hat ihn nicht betroffen gemacht.

Es geht nicht darum, *von*, das heisst *über* Jesus zu hören oder viel über Gott zu wissen, sondern *Jesus selbst* zu hören!

3. Jesus wird auf verschiedene Weise gehört:

Es sind viele Wege möglich, auf denen unser Herz berührt werden kann und wir die Stimme Jesu hören. Etwa:

- In einem Gespräch.
- In der «Stillen Zeit» durch einen Text des Teilnehmerheftes.
- Im Gottesdienst oder auch durch einen Satz des Vortrages.
- Ganz unerwartet bei anderen Beschäftigungen.
- In der Atmosphäre eines Treffens. Wir gehen irgendwie froher und gestärkter nach Hause.
- Beim Aufwachen am Morgen ist auf einmal eine Klarheit da.

Hindernisse für die Jesusbegegnung

Jesusbegegnung ermöglicht Neues. Sie wird als Geschenk erfahren. Wir begegnen Jesus nicht so ohne Weiteres und auch nicht jederzeit. Es kann Hindernisse in uns geben, die eine solche Begegnung erschweren oder gar verhindern. Wie können solche Hindernisse aussehen?

Innere Programmierung

Seit ca. 15 Jahren haben sich bei uns die Computer mehr und mehr verbreitet. Für Viele ist er zu einem täglichen Arbeits- und Freizeitinstrument geworden. Doch Computer funktionieren nicht ohne weiteres. Es braucht das entsprechende Programm dazu.

Nicht nur Computer werden durch ein Programm gesteuert, auch unser Verhalten unterliegt einer – uns oft unbewussten – Steuerung. Das zeigt sich in vielen spontanen Reaktionen. Wenn dies und jenes in unserem Leben geschieht, dann reagieren wir so; besser: Es reagiert in uns so. Wenn jemand z.B. an diese Person oder an jenes Ereignis denkt, dann können Wut, Neid, Schmerz, Ängste usw. aufbrechen. Oder wir verschliessen uns. Oft reagiert es in uns auf diese oder jene Weise, obwohl wir es gar nicht so möchten. Wunde Punkte, Komplexe und Ähnliches lassen uns so reagieren.

Ein solches Programm ist entstanden durch all das, was wir erlebt haben, was uns gesagt wurde und wie wir darauf reagiert haben. Die Programmierung des Elternhauses, des Umfeldes der Familie, der Schule sowie unsere Reaktionen darauf durch unsere eigenen Urteile, innere Schwüre und Festlegungen, aber auch Verletzungen und vieles andere mehr ist in dieses Programm eingeflossen.

Dieses innere Programm steuert uns bis in die Gefühle und Schuldgefühle hinein, wie Richard Rohr an sich selbst erlebt: «Ich habe meine Mutter verlassen, als ich vierzehn war, um Franziskaner zu werden. Aber ihr emotionales Tonband wird immer noch in mir gespielt. Sie hat mir zum Beispiel beigebracht, dass ich sparsam und sauber sein soll, als ob dies das Evangelium sei, aber Jesus hat nie davon gesprochen, dass man sauber sein soll! Ich habe mehr Schuldgefühle, wenn ich nicht sauber bin, als wenn es um das echte Evangelium geht.» So funktioniert die innere Programmierung!

Ein weiteres Beispiel innerer Programmierung zeigt die folgende Untersuchung. Schönheitsköniginnen wurden gefragt, ob sie sich selbst für schön halten. Die Antwort ihres inneren einprogrammierten Urteils war mehrheitlich: «Nein». Die Antwort vieler anderer «Normalschönheiten» war jedoch: «Ja». Interessant! Woher kommt dieser überraschende Unterschied? Die Untersuchung zeigt weiter, dass überall dort, wo der Vater seiner Tochter immer wieder gesagt hat, dass sie eine schöne Tochter sei, das Kind dieses Urteil übernommen hat. Dadurch weiss die Tochter: Ich bin schön! Das innere Wissen, schön zu sein, lässt sie ganz anders durchs Leben gehen!

Negative Prägungen

Diese innere Programmierung zeigt, wie wir uns sehen und empfinden. Sie prägt und steuert unser Leben. Nicht immer geht es dabei um das Schönsein. Es gibt auch negative Prägungen, die können uns belasten und uns das Leben schwer machen. Negative Urteile wie: «Du bist zu wenig», «Du genügst nicht», «Du solltest anders sein», «Dich sollte es besser nicht geben» können in uns eingraviert sein und uns niederdrücken.

Eine solche negative Prägung ist das Leistungsdenken, die Leistungsorientiertheit. Leistung ist an und für sich etwas Gutes. Etwas können, mitarbeiten, etwas zustandebringen ist ein Teil unseres

Menschseins, unserer Freude. Doch wenn die Leistung mit Wertvollsein, mit Lebensberechtigung, mit Sinn verknüpft wird, dann wird das Leistungsdenken zur Fessel, denn jetzt heisst es: «Du bist nur wertvoll, wenn und solange du leistest!» Dies bringt uns in einen Leistungszwang, denn ich muss leisten, um wertvoll zu sein, um eine Daseinsberechtigung zu haben.

In solchem Leistungsdenken wird das Wichtigste – das Leben selbst – verzweckt. Die Leistung wird wichtiger als das Leben selbst. Wenn unsere Daseinsberechtigung von der Leistungsfähigkeit, vom Nutzen für die Gesellschaft abhängt, ist das schlimm. Tragisch werden diese Denkmuster vor allem, wenn wir alt, krank oder behindert sind oder in einer anderen Form jemandem zur Last fallen. Unser Leben ist dann nicht mehr wertvoll.

Ob ich vom Leistungsdenken verseucht, angesteckt bin, kann sich an der Frage zeigen: Habe ich Angst, anderen zur Last zu fallen? Warum? Könnte es deswegen sein, dass es mir schwer fällt, Liebe anzunehmen, weil ich lieber leisten, lieber selbst geben als empfangen will? Und – werden nicht gerade durch die Not die guten Kräften in anderen geweckt und gefördert?

Ich bin wertvoll

Solche Leistungsabhängigkeit und Leistungsorientiertheit ist wie Schutt und Geröll, welches das Fliessen der Liebe Gottes blockiert. Gott sieht das anders, ja völlig anders. Er hat uns für die Liebe, für die Beziehung geschaffen. Er sagt: «Du bist wertvoll, vom ersten Augenblick deines Lebens an bis zu deinem letzten. Du bist wertvoll, ob du etwas leistest oder nicht. Dein Wert und deine Würde hängen nie von deinen Leistungen ab. Ob Embryo, Baby, ob krank, behindert oder alt – dein Leben ist gut. Es hat Sinn. Du hast eine Daseinsberechtigung für immer und ewig. Es ist gut, dass du bist!»

Peter Bichsel erzählt die Geschichte des Hofnarren Colombin: «Colombin lebte als Narr am Hof eines Königs. Dort gab es starke und gescheite Leute. Die Frauen waren schön und die Männer mutig. Der Pfarrer war fromm und die Küchenmagd fleissig. Nur Colombin war nichts. Wenn jemand ihn aufforderte: «Komm, Colombin, kämpf mit mir!» sagte er: «Ich bin schwächer als du.» Wenn jemand ihn fragte: «Wieviel gibt zwei mal sieben?» erwiderte er: «Ich bin dümmer als du.» Wenn jemand fragte: «Getraust du dich, über den Bach zu springen?», antwortete er: «Nein, ich getraue mich

nicht.» Und wenn der König von ihm erfahren wollte: «Colombin, was willst du werden?» sagte Colombin: «Ich will nichts werden. Ich bin schon etwas, ich bin Colombin!»

Obwohl Colombin nichts kann und im Sinne der Leistungsorientiertheit nichts «Wertvolles» vollbringt, strahlt er eine frohe Gewissheit aus: «Ich bin schon etwas, ich bin Colombin! Ich genüge!» Colombin bezieht seinen Wert aus seinem Sein.

Wie können wir aus solch inneren Prägungen (Mustern) herauskommen? Wie kann das, was sich negativ in uns eingeprägt hat, mehr und mehr an Kraft verlieren?

Paulus schreibt: *«Die Liebe Gottes ist ausgegossen in unsere Herzen durch den Heiligen Geist, der uns gegeben ist» (Röm 5,5).* Wir öffnen uns Gottes Liebe, die in der Taufe in uns hineingelegt wurde und nehmen sie an. Wenn wir der Liebe Gottes zu uns vertrauen und beginnen aus ihr zu leben, dann kann mitten in negativen Prägungen eine neue Quelle in uns lebendig werden.

Wenn wir aus dem Angenommen- und Geliebtsein, aus dem «Ich glaube, dass Gott mich fest liebt», – eben aus *«Wasser und Geist»* – leben, dann wird Neues möglich. Wenn wir aus dieser Quelle der Liebe leben, fängt sich tief in uns etwas an zu wandeln. Ein Heilsweg beginnt.

Kehrt um, glaubt an das Evangelium

Jetzt können wir auch das erste und programmatische Wort Jesu im Markus-Evangelium *«Das Reich Gottes ist nahe. Kehrt um und glaubt an das Evangelium!» (Mk 1,15)* neu hören. Reich Gottes bedeutet: Gott will jetzt in Seiner Liebe wirken.

Umkehr meint nicht: Sie müssen sich noch mehr anstrengen oder sich noch mehr zusammenreissen. Umkehr meint: Öffnen Sie sich der rettenden, heilenden Liebe Gottes! Öffnen Sie sich den Möglichkeiten Gottes! Öffnen Sie sich den Quellen Gottes. Lassen Sie die neue Kraft in Ihr Leben einströmen!

Wie geht das? Wenn eine Röhre verstopft ist, kann das Wasser nicht hindurchfliessen. Zuerst muss der Dreck, das Geröll, der Schutt, kurz all das, was die Verstopfung verursacht hat, entfernt werden. So meint Umkehr, uns von Gott von allen Sperren, Widerständen und Blockierungen befreien zu lassen, damit die heilenden Kräfte Seiner Liebe ungehindert in unser Leben fliessen können. Solche Umkehr hat viel mit einem neuen Denken zu tun.

«Kehrt um», heisst vom Griechischen her: «Denkt um, denkt neu.» Neu zu denken und unser Leben neu anzuschauen zeigt: Es geht um Neuorientierung. Das Neue, an dem es sich ganz und gar zu orientieren gilt, ist die Liebe des guten Gottes, die für alle Menschen da ist.

Kehr um heisst weiter: Lass negative Worte über deinem Leben los. Kehr dich davon ab und glaube, Gottes geliebtes Kind, ein Wunschkind, ein Kind der Liebe, ein Geschenk für die Welt zu sein. Glaube, durch und durch gewollt, erwünscht und geliebt zu sein.

Jesus sagt: *«Glaubt an das Evangelium» (Mk 1,15b)*. Nimm diese Botschaft an und halte dich von ganzem Herzen daran fest. Vertrau und glaube, dass diese Botschaft auch für dich gilt!

«Dein Glaube hat dir geholfen» (vgl. z. B.: Mk 5,3), hat Jesus oft gesagt. Denn durch solchen Glauben fliessen die Heilskräfte Gottes in den Menschen hinein, damals und heute. Dann kann es hilfreich sein, beständig einen Satz zu wiederholen, der diesen Glauben ausdrückt, z. B. «Ich bin ein Geschenk für die Welt.» «Ich bin schön.» «Ich bin wertvoll.» «Ich bin geliebt.» Solche Glaubenssätze, beständig wiederholt, werden ihre Kraft in unserem Leben entfalten.

So fangen wir an, aus einer neuen Quelle *«aus Wasser und Geist»* zu leben. Vielleicht sind wir äusserlich nicht alle Schönheits-Königinnen. Aber wenn wir uns von innen her als schön empfinden, werden wir anders durch das Leben gehen. Wir werden strahlen.

Ebenso, wenn Sie, unabhängig von Ihrer Leistung, sich als Geschenk Gottes für die Welt sehen. Dann werden Sie Würde und Wert ausstrahlen. So beginnen wir aus einer neuen Quelle zu leben, aus der Quelle des bedingungslosen Geliebtseins. Diese neue Quelle ist Jesus selbst, Seine Liebe, Sein Dasein für uns.

Liebe Leserin, lieber Leser

Sie merken es selbst. Nun wird der Weg konkreter. Ihr eigenes Leben kommt zur Sprache. Das kann manchem Angst machen. Widerstände können sich melden. Ich lade Sie einfach ein, all das zuzulassen. Es darf sein, ja, es ist ein gutes Zeichen, denn solche Widerstände zeigen, dass Gottes guter Geist in Ihnen wirkt. Er will in Ihnen Neues bewirken. Dem wollen die Texte im Teilnehmerheft dienen. Sie wollen einen Schritt der Befreiung vorbereiten. Gönnen Sie sich dazu genug Zeit.

4. Versöhnung macht frei

Gottes Wunsch ist es, dass wir glücklich werden. Glück ist jedoch etwas sehr Persönliches. Jede und jeder erlebt Glück in unterschiedlichen Situationen und Erfahrungen. Dennoch ist etwas in der Erfahrung von bleibendem Glück allen gemeinsam: Glücklichsein hat mit guten Beziehungen und Lieben-Können zu tun. Glücklich ist der Mensch, der ein gutes Herz hat, der gut zu sich und allen sein kann.

Wo uns Gottes Liebe begegnet

Unsere tiefste Sehnsucht zielt darauf hin, gut zu sein und lieben zu können. Wir wünschen uns ein liebendes Herz und zugleich merken wir: Wir schaffen es nicht. Trotz aller Anstrengung und Mühe gelingt es uns nicht, so zu sein, wie wir sein möchten. Wir möchten z. B. geduldig sein. Wir geben uns Mühe. Wir reissen uns zusammen. Und dennoch – unsere Bemühungen verlaufen im Sand. Immer wieder fallen wir in alte Muster zurück, als ob wir innerlich programmiert wären. Warum funktioniert das meistens nicht?

Ganz einfach deswegen, weil uns etwas hindert, so zu sein, wie wir gerne möchten. Dieses «Etwas», diese «negativen Prägungen», entziehen sich der Macht unseres Willens. Das ist nicht nur bei Ihnen und mir so, sondern bei allen Menschen.

Paulus, ein willensstarker Mann und engagierter Kämpfer, hat dies auch erlebt. Er schreibt: *«Ich begreife mein Handeln nicht: Ich tue nicht das, was ich will, sondern das, was ich hasse. ... Ich tue nicht das Gute, das ich will, sondern das Böse, das ich nicht will. Wenn ich aber das tue, was ich nicht will, dann bin nicht mehr ich es, der so handelt, sondern die in mir wohnende Sünde» (Röm 7,15.19–20).* Paulus spürt in sich dieses Hindernis, das er nicht überwinden kann. Er nennt es «die in mir wohnende Sünde». Schauen wir diesen Begriff der «In-mir-wohnende Sünde» noch etwas näher an.

Dazu erinnern wir uns an die Erzählung des Franziskanerpaters Richard Rohr. Er sprach davon, wie das «emotionale Tonband» seiner Mutter ihm noch lange Jahre übel mitgespielt habe. Die Mutter hatte ihm beigebracht, sparsam und sauber zu sein, während Jesus nie davon gesprochen hat. Und Richard Rohr wunderte sich: «Ich hatte mehr Schuldgefühle, wenn ich nicht sauber war, als wenn es um das echte Evangelium ging.»

So funktionierte seine innere Programmierung. In ihm wohnte etwas, das ihn als Erwachsenen lange Jahre hindurch unfrei gemacht hatte und ihn – was ganz entscheidend ist – vom Evangelium, also von Gott fern hielt. Diese Prägung durch seine Mutter – und viele haben Ähnliches erlebt – zeigt, dass unser Lebensbaum nicht einfach gesunde Wurzeln in einem gesunden Erdreich hat:

So können wir in unserem Leben nicht nur positiv geprägt worden sein: «Es ist einfach gut, dass es dich gibt! - Ich freue mich an dir! - ...», sondern auch negativ: «Du kannst nichts, du bist zu dick, zu faul, zu blöd. Du solltest anders sein. Was, schon wieder was falsch gemacht!» und so weiter. Unsere Lebenswurzeln wurden durch negative Prägungen verletzt.

Negative Prägungen waren für uns wie ungesundes Erdreich und hinderten unsere Entwicklung. So wurden unsere Lebenswurzeln beschädigt und unsere gesunde Entfaltung behindert.

Aber auch das Gegenteil in der Prägung ist möglich: Manche wurden «positiv überfordert»: Sie mussten auf die «bessere» Schule, einen «anständigen» Beruf erlernen und ähnliches. Die Ziele und Anforderungen waren zu hoch. Und zurück blieb das Gefühl, nie ganz zu genügen.

Andere wurden mit Liebe überhäuft. Sie wurden überbehütet, verwöhnt. Alle Probleme wurden für sie aus dem Weg geschafft. Gerade so lernten sie nicht mit Problemen und Konflikten in guter Weise umzugehen. Sie wurden nicht lebenstüchtig.

Wieder andere haben vielleicht zu wenig Zuwendung, Interesse und Liebe erfahren. Ihr Innerstes, ihre Gefühle wurden nicht willkommen geheissen. Zurück blieben Zweifel an sich selbst.

Auf solch unterschiedliche Weise entstanden in uns «innere Programmierungen». Die «In-mir-wohnende Sünde» meint zunächst nicht das, was ich falsch mache, sondern das, was mich falsch macht. Für beides – für das, was ich falsch mache und für das, was mich falsch macht – gibt es eine Hilfe! Das ist das Evangelium, die Frohe Botschaft. Es gibt eine Kraft, die stärker ist als das, was uns innerlich programmiert; es gibt eine Kraft, die uns frei macht von den negativen Prägungen. Es gibt einen Erlöser, der uns aus unseren Versklavungen herausholt: Jesus Christus.

Der Erlöser

Ein Missionar betreute einen Mann, der Alkoholiker war. Eines Tages hört er, dass der Mann wieder furchtbar viel getrunken hatte. Die Möbel hatte er kaputt geschlagen und seine Frau verprügelt. Nun geht der Missionar zu ihm. Es war nachmittags um fünf Uhr. Der Mann sitzt in der Küche und trinkt Kaffee. Neben ihm sitzt sein fünfjähriger Sohn. Der Missionar begrüsst den Mann freundlich und fragt: «Ist es wieder schief gegangen?»

Da wurde der Mann wütend und sprang auf. Er sagt kein Wort, geht nebenan in ein Zimmer und kommt mit einem neuen Wäscheseil zurück. Nun fängt er an – ohne ein Wort zu sagen – seinen Sohn auf dem Stuhl festzubinden. Dann brüllt er den Kleinen an: «Steh auf!» Doch das Kind ist völlig gefesselt. Es fängt an zu weinen und jammert: «Ich kann doch nicht!» Da wendet sich der Alkoholiker mit schmerzerfülltem Gesicht an den Missionar und sagt: «Da sehen Sie es, ich kann doch nicht. So geht es mir auch. Ich kann doch nicht.»

Darauf nimmt der Missionar sein Taschenmesser aus der Hosentasche und schneidet das schöne neue Wäscheseil entzwei. Dann sagt er ruhig zu dem Buben: «Steh auf!» Nun steht er auf. Der Missionar wendet sich an den Mann: «Da, sehen Sie, es geht!» «Ja», erklärt er, «aber nur wenn Sie den Strick zerschneiden!» Dann sagt der Missionar: «Hören Sie, es ist einer gekommen, der die Stricke zerschneidet, die uns binden: Jesus!»

Das ist christlicher Glaube: Wir haben einen, der uns aus allen Dunkelheiten, Fesseln und Gebundenheiten herauslösen kann und will. Wir haben einen, der uns zur tiefsten Sehnsucht unseres Herzens befreit.

Einer zahlt für uns

Die Bibel spricht von diesem Freiwerden in vielen Bildern. Eines davon stammt vom damaligen Sklavenmarkt. Ein Sklave gehörte seinem Besitzer. Von diesem war er ganz abhängig. Ihm hatte er zu gehorchen und zu dienen. Sklaven wurden gekauft und verkauft. Beim öffentlichen Sklavenmarkt wurden sie angeboten. Wer einen Sklaven kaufen, und somit vom bisherigen Besitzer freikaufen wollte, hatte einen entsprechenden Preis zu zahlen. Dieses Geld eben das «Lösegeld», löste den Sklaven aus der Verfügungsgewalt seines bisherigen Besitzers und band ihn an den neuen Besitzer.

Jesus übernimmt das Bild vom Sklavenmarkt, um zu zeigen, was er für uns tun möchte: *«Der Menschensohn ist nicht gekommen, um sich dienen zu lassen, sondern um zu dienen und sein Leben hinzugeben als Lösegeld für viele.» (Mk 10,45).* Mit dem «Lösegeld» Seines Lebens kann Er uns in die Freiheit eines neuen Lebens führen. Er kann es, wenn wir auch wollen. Er kann es, wenn wir Ihn an uns und in uns wirken lassen. Er kann es, wenn wir uns mit Ihm verbinden, Ihn als unseren Herrn und Erlöser annehmen. Dann erlauben wir Ihm, Seine Erlösungskraft für uns einzusetzen.

Wir sind heute nicht mehr in derselben Form Sklaven wie damals. Dennoch gibt es etwas in uns, was uns bindet und in uns ein Gefühl der Ohnmacht erzeugt. Paulus nennt den Widerstand, die Blockade «die in uns wohnende Sünde». Sie hat Macht über uns. Sie besitzt uns. Sie ist – im Bild des Sklavenmarktes gesprochen – unser Besitzer, der uns daran hindert, die Person zu sein, wie sie unser Schöpfer sich gedacht hat.

Jesus will nicht, dass wir Sklaven irgendwelcher Mächte oder negativer Programmierungen sind, sondern als Töchter und Söhne des Vaters im Himmel leben. Jesus möchte uns in diese *«Freiheit und Herrlichkeit der Kinder Gottes» (Röm 8,21)* führen. Wie?

Jesusbegegnung macht neu. Denn in Jesus kommt die zarte, sanfte und zugleich starke Liebe Gottes zu uns, die Liebe, die uns ganz in unseren tiefsten Sehnsüchten annimmt und bejaht. Dieses Angenommensein gibt uns einen neuen Boden, ein neues Fundament. Das ermöglicht uns, von falschen Programmierungen frei zu werden.

Zu dem bereits Erwähnten gibt es noch etwas, was uns an die Vergangenheit binden kann: Schuld. Dazu erzählt ein Seelsorger: Vor Jahren durfte ich einen Arzt in seinen letzten Lebenswochen begleiten. Eine unsagbar schwere Last brachte ihn an den Rand der Verzweiflung: Viele Male hatte er ungeborenes Leben abgetrieben. Nun brach sein Schuldbewusstsein so existenziell bedrohlich über ihn herein, dass er keine Hoffnung mehr sah. Immer wieder schrie er auf: «Ich bin verloren! Auch Gott kann das, was ich zerstört habe, nicht vergeben.» Er fand nicht die Kraft, sich einfach vertrauend in die Arme Gottes fallen zu lassen. Alles in ihm schien leer und hoffnungslos zerstört zu sein.

Eines Tages schaute der Arzt mich an und sagte: «Wissen Sie, für mich gibt es jetzt nur zwei Möglichkeiten: Entweder verlasse ich mich ganz auf das, was Jesus für mich getan hat, auf das Kreuz, oder ich bin ganz verlassen.» Ich sagte zu ihm: «Im Kreuz ist alle Schuld getilgt, Ihre Schuld und meine Schuld.» Im Vertrauen auf diese Vergebung legte der Arzt sein Leben in die Hände des Schöpfers. Selten bin ich «erlöster» von einem Menschen, der sein Leben vollendet hatte, fortgegangen.

Das Geheimnis des Kreuzes

Die Schuld hat diesen Arzt bitter angeklagt. Diese Schuld hielt ihn gefangen. Er war der Sklave seiner Schuld. Aus dieser Versklavung wurde er erst befreit, als er entdeckte: Jesus Christus *«hat den Schuldschein, der gegen uns sprach, durchgestrichen und seine Forderungen, die uns anklagten, aufgehoben. Er hat ihn dadurch getilgt, dass er ihn an das Kreuz geheftet hat» (Kol 2,14).*

Wie können wir diese Befreiung, die durch Jesus Christus geschieht, verstehen? Wieso kann der Kreuzestod Jesu frei machen? In der eben erzählten Geschichte sagte der Arzt: «Auch Gott kann das, was ich zerstört habe, nicht vergeben.» Und er meinte damit, dass die Schuld, die er auf sich geladen hat, so gross ist, dass selbst Gott sie ihm nicht vergeben könne.

Was aber kann Gott vergeben? Wie weit geht Seine Vergebungskraft?

Die Bibel sagt, dass Jesus sich mit aller Schuld der Menschen solidarisierte. Ja noch mehr: Die Schuld traf Ihn persönlich. So traf Ihn die Schuld dieses Arztes. Jesus erlitt den Schmerz der Abtreibung ungeborenen Lebens an sich. So weit geht Jesu Identifikation mit der Schuld.

Wie geht Jesus mit dieser Schuld um? Schlägt Er zurück? Nein! Jesus durchleidet den Schmerz und die Folgen dieser Schuld. So stirbt Er am Kreuz in einer abgrundtiefen Verlassenheit. Er nimmt die Schuld aller auf sich und dies trennt Ihn vom Vater. *«Mein Gott, warum hast du mich verlassen» (Mk 15,34).*

Gleichzeitig wird am Kreuz noch etwas offenbar: die verzeihende Liebe Jesu, die stärker ist als alles Böse und Leben Zerstörende. All denen, die Ihm Leid und Schmerzen zufügen und Sein junges Leben so brutal zerstören, spricht Er die Vergebung des Vaters zu: *«Vater vergib ihnen, denn sie wissen nicht, was sie tun» (Lk 23,34).*

Das Kreuz Jesu zeigte diesem Arzt zwei Dinge. Es widerspiegelt ihm seine eigenen Verirrungen und Versklavungen. Es zeigt ihm seine eigene Bösartigkeit. Zugleich aber erkannte er, dass Gott ihm vom Kreuz her neu die Hand zur Vergebung hinhält. Diese nahm er an. So vertraute er sich ganz dem an, was Jesus für ihn getan hat. Die Erfahrung dieser Liebe erlöste ihn und machte ihn frei.

Heilung von Beziehungen

Jesus Christus will unser Leben heilen. Das beinhaltet einmal die Vergebung unserer Schuld, unserer Sünden. Wie beim Arzt will Jesus auch uns die Schuld wegnehmen, uns Seinen Frieden und ein neues Miteinander mit Ihm und den Mitmenschen schenken. Vergebung macht frei und setzt uns frei.

Die Heilung unseres Lebens beinhaltet auch, Vergebung zu schenken. Denn nicht nur wir haben Dinge falsch gemacht. Wir wurden auch von anderen verletzt. Das schmerzt und kann tiefe Wunden und Bitterkeit verursachen. Was tun?

Zwei Brüder haben sich wegen des Erbes zerstritten. Der eine fühlt sich um einige tausend Euro betrogen. Dies zu Recht. Er bricht darauf jeglichen Umgang mit der Familie des anderen ab. Der Name des Bruders darf in seiner Gegenwart nicht mehr erwähnt werden.

Wenn er seinen Bruder sieht, gibt es ihm zutiefst einen Stich. Die Feindschaft zieht sich über Jahre hin. Der Betrogene hatte einen alten weisen Hausarzt, der ihm Jahre später während einer Behandlung sagte: «Sie haben nicht nur ein paar tausend Euro, Sie haben ein Stück Ihres Lebens verloren. Unbezahlbar ist die Kraft, die Ruhe, die Fähigkeit zur Freude, die Sie dem Geld hintendrein werfen. Jahre hindurch war Ihr Inneres gekettet an diesen Streit. Versöhnen Sie sich! Es kommt billiger!»

Nach-Tragen bindet

«Jahrelang war ihr Inneres gekettet an diesen Streit.» Was die Vergangenheit bindet, ist die Unversöhntheit. Sie ist wie eine unsichtbare Kette, mit der wir die Last der Vergangenheit hinter uns herziehen. Wir sind nachtragend. Jemand hat uns verletzt. Wenn wir unversöhnlich bleiben, tragen wir die Last dieser Verletzung ständig hinter uns her. Durch dieses Nach-Tragen erschweren wir unser Leben. Wir belasten uns, binden uns an eine Last.

Was die Menschen einander nachtragen, steht im Zusammenhang mit der Vergangenheit. Meist steckt ein Vorwurf dahinter: «Du warst ungerecht. Du hast dies und jenes getan, was mir geschadet hat, und darunter leide ich heute noch.» Solche Vorwürfe binden an die Vergangenheit.

Am Anfang einer solchen Bindung an die Vergangenheit steht meist eine bittere Erfahrung, eine Enttäuschung, eine Ungerechtigkeit, ein Schmerz, eine Wunde. Das tut weh. Dieser Schmerz löst meistens eine negative Reaktion aus: Wut, Zorn, Groll, Ärger. Das ist normal und darf so sein. Ich darf Wutgefühle, Zorngefühle, Ärgergefühle und Grollgefühle in mir haben. Gefühle dürfen immer sein.

Normalerweise kommen und gehen die Gefühle. Doch aus Gefühlen kann etwas wachsen. Aus Sympathie kann eine Freundschaft werden. Aus Verliebtheit kann eine tiefe Liebe wachsen. Doch auch Negatives kann wachsen. Aus Ärgergefühlen kann Ablehnung wachsen, eine Mauer entstehen. Grollgefühle können sich im Herzen festsetzen und bittere Samen und Wurzeln zurücklassen. Solche Samen und Wurzeln können wachsen, grösser werden und so mehr und mehr in unser Leben hineinwirken. Wir empfinden dann Bitteres, Negatives in uns. Das nimmt uns die Freude. Es hindert uns, glücklich zu sein.

Die vier Stufen zur Freiheit

Neu anfangen und glücklich werden können wir nur dann, wenn wir vom Negativen und Bitteren in uns frei werden. Während wir gerne nach Sofortlösungen – möglichst ohne Anstrengungen – streben, geht es hier um einen längeren Versöhnungsweg.

Dieser Weg umfasst vier Stufen:

1. Bewusstmachen

Das Erste ist die Bewusstwerdung. Wenn Sie feststellen wollen, ob bittere Samen und Wurzeln in Ihnen sind, wenn Sie erkennen wollen, ob Sie anderen etwas nachtragen – dann betrachten Sie aufmerksam Ihre Selbstgespräche. Sie zeigen, womit sich Ihre Seele beschäftigt. Sie offenbaren, was in Ihnen da ist.

Lauschen Sie in Ihre Gefühle hinein. Reizt es Sie, Negatives über jemanden zu sagen? Oder freuen Sie sich, wenn Sie Negatives über bestimmte Menschen und Gruppen hören? Solche Reize weisen auf ungeheilte Wunden hin, auf Negatives in uns. Dies stört unsere Beziehungen.

Jede gestörte Beziehung hat eine Geschichte. Es gehört zu diesem Schritt der Bewusstwerdung, die Geschichte der Beziehung anzuschauen und nach den Ursachen der Störung zu suchen. Das erste ist das Bewusstmachen: So machte sich Richard Rohr zunächst bewusst, wie sehr er noch an die Tonbandstimme seiner Mutter gebunden war. Der Arzt in der obigen Geschichte wurde sich bewusst, dass er einer fatalen Lebensphilosophie gefolgt war und so menschliches Leben getötet hat. Der Bruder im Erbstreit machte sich bewusst, wie er sich selbst durch den Erbstreit angekettet hatte.

Solches Bewusstwerden braucht Überwindung, denn viele haben in sich die Tendenz der Schuld, dem Negativen auszuweichen, es zu verdrängen anstatt es bewusst anzuschauen und zuzugeben: «Ja, in mir ist Bitteres, Unversöhntes, Schuld da.» Doch nur von dem, was wir anschauen und annehmen, können wir frei werden.

2. Entscheiden

Das Bewusstwerden zeigt, was uns bindet. Nun braucht es den festen Entschluss, die negative Bindung zu lösen. Es gibt zwei Arten von Bindungen ans Negative und an die Vergangenheit:

1. Ich will mich lösen, aber ich kann nicht: In der ersten Form ist der Wille ganz klar: Wir wollen uns ganz bewusst lösen. Der Wille ist ganz klar – aber irgendwie haftet das Negative noch an uns. Es «wohnt» gegen unseren Willen in uns. Paulus hat in diesem Zusammenhang von der «in uns wohnenden Sünde» gesprochen. Ich akzeptiere sie als unvermeidbaren Gegner. Vielleicht ist es eine Verletzung und Wunde, deren Heilung noch Aufarbeitung und Zeit braucht. In diesem Fall ist aber klar: Ich will vom Negativen frei werden.

Was gibt es hier zu tun? Meist hilft es, Schwäche und Wunden nicht direkt zu bekämpfen. Jesus Christus ist der Erlöser, nicht wir. Wichtig ist, Ihm all das zu übergeben und Ihn auch durch die schwierigen Lebensereignisse an uns wirken zu lassen. Unser Mitwirken besteht darin, dass wir Ja zu Seiner Führung sagen. Denn Er weiss am besten, wie Er uns heilen und erlösen kann und wann die Zeit dafür reif ist.

2. Ich will nur teilweise: In der zweiten Form der Gebundenheit ans Negative können wir uns nicht vom Negativen lösen, weil wir uns nicht ganz oder sofort lösen wollen. Der Wille ist gespalten. Weil das Negative einen gewissen Reiz hat, will der Mensch sich nicht hundertprozentig davon trennen. Ein Teil unseres Herzens ist noch Komplize des Negativen.

Ein Student, der spielsüchtig war, betete inständig darum, von seiner Spielsucht befreit zu werden. Am Ende seines Gebetes sagt er: «Von jetzt an will ich nicht mehr spielen, nur heute Abend soll es noch das letzte Mal sein.» So geht es nicht! Wer aufschiebt, betrügt sich selbst.

Augustinus erzählt in den Bekenntnissen von seinem Kampf, sich von der Sünde der Sinnlichkeit zu befreien. Es gab einen Augenblick wo er betete: «Gib mir Keuschheit und Enthaltsamkeit… nur gib sie nicht schon jetzt!» Bis schliesslich der Moment kam, wo er zu sich sagte: «Wie lange noch, wie lange noch dieses morgen, ja morgen? Warum nicht heute? Warum nicht in dieser Stunde ein Ende der Schmach?»

Des Teufels liebstes Möbelstück ist die lange Bank! Wer also seine Umkehr aufschiebt, wer den «Genuss» des Negativen noch ein letztes Mal erleben will, wer nur zu fünfundneunzig Prozent frei werden will, hält immer noch am Bösen fest. Da braucht es den festen Entschluss: «Jetzt ist endgültig Schluss damit.» Denn solange wir uns nicht ganz trennen wollen, können wir davon nicht frei werden. Mit anderen Worten: Jesus kann uns nur erlösen und von Negativem befreien, wenn wir dies bewusst und ganz wollen. Er erlöst uns nie gegen unseren Willen.

Wenn wir frei werden und zu wahrem Leben finden wollen, dann müssen wir uns von allem trennen, was uns ans Negative bindet. Dieses bewusste Sich-Lossagen von allem Negativen und Verkehrten, auch von philosophischen Lehren und religiösen Praktiken, war in der frühen Kirche ein wesentliches Element der Taufe. Da sagte man: «Jetzt ist endgültig Schluss damit.»

Vielleicht spüren Sie in Ihrem Herzen, dass es auch bei Ihnen Dinge gibt, wo Sie sagen möchten: «Schluss damit!» Das kann etwas Negatives sein, das Sie noch gerne behalten möchten; vielleicht, weil Ihnen der Reiz des Negativen noch lieb ist; vielleicht, weil das Negative als Alibi und Vorwand benutzt werden kann, um nicht endgültig in einer Beziehung aufzuräumen; oder um einen Grund zu haben, etwas nicht zu tun. So gibt es Menschen, die zwar verzeihen – aber nicht ganz. Versteckt im Köcher des Herzens behalten sie noch einen Pfeil, einen Vorwurf als Reserve zurück. Man kann ja nie wissen, was kommt. Vielleicht kann ich diesen Pfeil noch mal gut gebrauchen. Andere halten eine Erinnerung fest, die ihnen als Vorwand dient, sich jetzt nicht ganz einzulassen.

3. Jesus ans Kreuz bringen

Die nächste Stufe zur Freiheit besteht darin, alles Negative, wovon wir uns trennen möchten, Jesus ans Kreuz zu bringen. Dort findet alles Giftige, Zerbrochene, Gescheiterte und Verwundete Erlösung und Heilung. Denn Jesus hat all unsere Leiden, Schmerzen und Wunden, sowie alle Schuld auf sich genommen und für uns getragen. *«Durch seine Wunden sind wir geheilt» (Jes 53,5).* Das Kreuz ist der grosse Abfallhaufen der Welt, wo aller geistige Müll entsorgt wird. Entsorgen heisst, alles, was wir am Kreuz abgegeben haben, auch dort zu lassen.

Es gibt Menschen, die in folgender Haltung zu Jesus kommen: Sie bringen einen schweren Rucksack voll Sorgen, Vorwürfen, Lasten, Enttäuschungen und Schuld mit. Sie packen nun alles aus und legen es vor Jesus hin. Wenn sie Ihm alles gezeigt haben, packen sie alles wieder in den Rucksack ein. Dann nehmen sie ihn auf den Rücken und gehen gleich schwer beladen ihren Weg weiter.

Doch das ist nicht mit Entsorgung gemeint. Entsorgen heisst, alles, was wir am Kreuz abgegeben haben, auch dort zu lassen. Das ist

eher eine Haltung als ein einmaliges Geschehen. Wenn wir unsere Vorwürfe abgegeben haben, aber diese wieder aufsteigen, gilt es, diese sofort wieder dort abzugeben. Manchmal braucht es lange, bis die Wunden geheilt sind und wir ganz loslassen können. Doch wenn wir in der Haltung des beständigen Loslassens und Abgebens, das heisst des Ans-Kreuz-Bringens bleiben, werden wir eines Tages Frieden haben.

Wichtig ist darüber hinaus, die Haltung Jesu am Kreuz zu praktizieren: Jesus erduldet das Böse. Er erträgt es. Er nimmt es auf sich, aber gibt es nicht weiter. Er verzichtet auf jede Form von Rache und Vergeltung. Indem Er das Böse erleidet und nicht weitergibt, wird der Kreislauf des Bösen gebrochen. Solches Unterbrechen des Kreislaufes des Bösen kann unter Umständen auch heissen, sich nicht unterdrücken zu lassen. Sich weigern, das zu tun, was andere von uns erwarten.

Vielleicht kann dies das folgende Bild noch etwas verdeutlichen. Wir haben gehört: Jesus *«hat den Schuldschein, der gegen uns sprach, durchgestrichen und seine Forderungen, die uns anklagten, aufgehoben. Er hat ihn dadurch getilgt, dass er ihn an das Kreuz geheftet hat» (Kol 2,14).*

– Zuerst heften wir unseren eigenen Schuldschein ans Kreuz, damit Jesus ihn durchstreiche. Das heisst: Wir bitten um Vergebung für unsere eigene Schuld.

– Dann heften wir die Schuldscheine ans Kreuz, die mich bisher noch in der Hand hielten, weil andere an uns schuldig geworden sind. Das heisst: Wir vergeben den anderen.

4. Segnen

Das Ziel des Versöhnungsweges liegt nicht nur darin, von Lasten frei zu werden, sondern vor allem darin, als *«neue Menschen» (Röm 6,4)* zu leben. Weil Gott uns bedingungslos und uneingeschränkt liebt, können wir aus Seiner Kraft in neuer Weise leben. Ein solches Leben heisst, den anderen mit den Augen Gottes sehen, das heisst, gut von ihm denken, ihm Gutes wünschen.

Einem anderen von Gott her Gutes wünschen, ihn im Herzen gross machen, das nennen wir «segnen». Wenn wir aus Gottes Kraft in neuer Weise leben, wächst in uns eine neue Haltung: Wir werden zu Segnenden und nehmen die Einladung Jesu an: *«Euch, die ihr mir zuhört, sage ich: Liebt eure Feinde; tut denen Gutes, die euch has-*

sen. Segnet die, die euch verfluchen; betet für die, die euch misshandeln» (Lk 6,27–28). Als neue Menschen antworten wir auf Böses mit Liebe.

Die vierte Stufe beim Versöhnungsweg besteht darin, die Liebe Jesu zu allen anzunehmen. Es geht darum, Jesus zu bitten, Er möge mit Seinen Kräften der Liebe neu in die Beziehung zu uns selbst, zu all unseren Mitmenschen und zu Gott kommen, damit wir in der Kraft Seiner Liebe neu anfangen können. Wir dürfen Ihn bitten, Er möge allen Mangel in uns füllen und uns überreich mit Seiner Liebe beschenken, damit die Liebe wieder fliessen kann.

Und die Gefühle?

Was uns zu schaffen macht, sind meistens negative Gefühle wie Groll, Ärger, Wut ... Gefühle dürfen immer sein. Es ist hilfreich, Gefühle anzuschauen und sie anzunehmen. Denn Gefühle, die verdrängt werden, weil sie nicht sein dürfen, haben Macht über uns. Die Macht wird ihnen genommen, wenn wir sie bewusst wahrnehmen und annehmen. So relativieren wir die Gefühle. Wir lösen uns von der Identifikation mit ihnen.

Wenn wir zum Beispiel zornig sind, dann können die Gefühle uns sagen: «Am liebsten möchte ich diesen Menschen, der mir so sehr weh getan hat, umbringen.» Wir schauen nun zuerst die Gefühle an und geben zu: Unsere Gefühle möchten diesen Menschen am liebsten umbringen. Nun lösen wir uns von den Identifikationen mit den Gefühlen. Das heisst: Wir sind nicht unsere Gefühle, sondern frei. Wir können uns gegen unsere noch so bedrängenden Gefühle entscheiden, diese Person nicht umzubringen. Was in jedem Fall auch zu raten ist.

Die Freiheit geht noch weiter. Wir können trotz der negativen Gefühle dieser Person Gutes tun und Gutes über sie sagen. Das ist der Weg, zu dem uns Jesus einlädt. *«Tut denen Gutes, die euch hassen, und segnet die, (das heisst, sagt gute Worte über die), die euch verfluchen» (Lk 6,27b–28a).* Solche Handlungen brauchen Überwindung. Aber sie entziehen dem Negativen den Nährboden.

Das ist es, worauf es ankommt: Aufzuhören, die negativen Gefühle zu nähren. Genährt werden sie durch unsere Beschäftigung mit ihnen. Auch die religiöse Beschäftigung, die darin besteht, diese Gefühle dauernd vor Gott zu tragen, vergrössert die Macht der Gefühle. Da braucht es einen Bruch, einen radikalen Bruch! Wir müssen aufhören, ständig um diese Gefühle zu kreisen und uns mit ihnen zu beschäftigen.

Das heisst: Die Gefühle dürfen sein, doch wir hören auf, uns mit ihnen zu beschäftigen. Wir wenden unsere Aufmerksamkeit dem Hier und Jetzt zu und entscheiden uns zum Segnen: Wir versuchen, das Gute der Person, die uns verletzt hat, zu sehen und wünschen ihr Glück und Erfolg. Wir erbitten für sie Gutes, Heil und Segen. All das «macht» etwas mit unseren Gefühlen. Die Heilskraft Jesu kann so in unsere Gefühle hereinfliessen und diese langsam wandeln.

Gebet

Vater im Himmel, Du hast uns Jesus gesandt, um zu heilen, was verwundet ist. Ich danke Dir, dass ich in Jesus einen Freund und Bruder gefunden habe, der mich stützt und trägt, und der mich heilen will. Ich danke Dir dafür, dass ich durch Ihn neu werden kann.

Gib mir von Seinem Geist, damit ich Kraft und Freude finde, das in die Tat umzusetzen, was mir nun neu aufgegangen ist. Stehe jenen Menschen bei, an die ich mich erinnert habe. Hilf mir, wenn nötig, ihnen wieder neu in liebender Weise zu begegnen. Segne sie und mich. Amen.

Liebe Leserin, lieber Leser

Vielleicht haben Sie gemerkt, dass nun Schritte gefragt sind, die niemand für eine andere Person tun kann. Wenn es Ihnen möglich ist, lade ich Sie ein, sich auf den Weg der Versöhnung einzulassen. Sie selbst werden davon, auch wenn der Weg anstrengend ist, nur profitieren. Lassen Sie sich genügend Zeit. Das Teilnehmerheft hilft Ihnen dabei. Am Ende des 6. Tages finden Sie dort noch Hinweise, wie Sie einen Versöhnungsschritt persönlich vollziehen können.

5. Leben bekommt Zukunft

Montagmorgen, die Arbeiterinnen und Arbeiter sitzen im Büro bei der Kaffeepause und erzählen, wie sie das Wochenende erlebt haben. Peter beginnt: «Ich war seit zwanzig Jahren wieder einmal in der Kirche.» Da fällt ihm Sandra sofort ins Wort: «Was, das gibt es doch nicht! Komm, erzähl uns keine Märchen.» Doch Peter beteuert: «Doch, ich war in der Kirche.» Darauf meinte Franz: «Bestimmt war dort alles stinklangweilig und fade. Du wirst wohl für die nächsten zwanzig Jahre dort gewesen sein!» Doch Peter sagt: «Nein, ich gehe wieder!» «Was, du gehst wieder? Nein, das gibt es doch nicht! Also erzähl, was du erlebt hast!» So erzählt Peter: «Ich stand ganz hinten in der Kirche. Viel verstand ich nicht von der Sache. Doch, so mitten drin, ging auf einmal ein kleines Körbchen herum. Alle griffen mit der Hand hinein. Ich war der allerletzte. Ich sage euch: Ich war sehr erstaunt, wie viel noch für mich drin war!»

Peter hat entdeckt: Aus der Kirche kann man reicher weggehen. Doch so wichtig Geld auch ist, Geld alleine macht nicht glücklich. Geld ist notwendig. Es sichert das Überleben. Doch was unser Leben wirklich reich macht, sind andere, innere Werte wie Sinn, Liebe, Erfahrungen von Glück, von Erleichterung und Aufatmen. Dazu gehören auch Hoffnung und Zukunftsperspektiven. Sie öffnen neue Horizonte. Sie inspirieren und beleben.

Neue Dimensionen

Genau das erlebten die Menschen damals mit Jesus. Sie waren betroffen, begeistert, fasziniert. Eine Ahnung von dem, wie ihr Leben sein könnte, erwachte in ihnen. Sie spürten: Das ist es. So muss das wahre Leben sein. So hatten sie sich entschlossen, ihr gewohntes Leben aufzugeben und mit Jesus umherzuziehen. Sie wollten für immer in dieser neuen Art leben. Sie wollten, dass alle Menschen diese neue Art zu leben kennenlernen und verwirklichen können.

Manchmal, wenn wir heute hören, was Jesus damals alles getan hat, kann Wehmut aufkommen. Hätten wir doch damals gelebt! Ja, was Jesus damals tat, seine Heilungen, die Befreiung, die Freude, die Kraft, die von ihm ausströmte, ja damals musste es herrlich gewesen sein! Damals war das Leben mit ihm spannend, voller Überraschungen. Ja damals, aber heute?

Auferstehung ist …

Paulus schreibt an die Gemeinde in Korinth: *«Ist aber Christus nicht auferweckt worden, dann ist unsere Verkündigung leer und euer Glaube sinnlos» (1 Kor 15,14).* Prägnanter kann die Bedeutung der Auferstehung Jesu Christi wohl kaum beschrieben werden. Doch bevor wir uns der Bedeutung der Auferstehung Jesu zuwenden, möchte ich auf drei mögliche Missverständnisse hinweisen:

Erstens: Jesus hat Lazarus, die Tochter des Jaïrus und den einzigen Sohn einer Witwe von Naïn von den Toten erweckt. Diese drei Toten wurden durch das Wort und durch die Vollmacht Christi wiederbelebt und lebten im gleichen irdischen Körper so lange weiter, bis sie endgültig starben. Auferstehung Jesu ist jedoch keine Wiederbelebung des toten irdischen Körpers.

Zweitens: Heute ist oft die Rede von der Seelenwanderung, auch Reinkarnation genannt.[3] Gemeint ist damit, dass die Seele sich im Tod vom Körper trennt und einige Zeit später wieder in einen neuen irdischen Körper «hineingeboren» wird. Diese Wiederverkörperung wiederholt sich so lange, bis die Seele sich durch viele irdische Leben die Befreiung vom Körper erarbeitet hat. Auferstehung Jesu hat jedoch nichts mit Seelenwanderung zu tun, denn nach unserem christlichen Glauben leben wir nur einmal auf dieser Erde. Dann kommt zuerst das Gericht Gottes und dann die ewige Vollendung.

Drittens: Wir beten im Apostolischen Glaubensbekenntnis im Kapitel über Jesus: *«… gekreuzigt, gestorben und am dritten Tage auferstanden von den Toten, aufgefahren in den Himmel».* Auferstehung und Himmelfahrt Jesu sind kein Rückzug aus dieser Welt in irgendwelche himmlischen Sphären, - im Gegenteil: Sie sind der Anfang Seines umfassenden Wirkens in dieser Welt. Denn nach Seiner Auferstehung und Himmelfahrt ist Jesus zugleich ganz bei Gott, Seinem Vater und ganz bei uns. Er ist in der Existenzweise des Geistes nicht mehr an Seinen irdischen Leib gebunden und kann nun gleichzeitig überall sein und überall wirken. So hat gerade durch die Auferstehung das Wirken Jesu in dieser Welt ganz neue Dimensionen erhalten.

---

[3] Mehr dazu: Reinkarnation und Auferstehungsglaube. WeG Verlag.

Auferstanden in neue Dimensionen

Aspekte der Auferstehung Jesu

Wie kam es zu diesen neuen Dimensionen? Dazu wollen wir drei Aspekte der Auferstehung kurz betrachten.

1. Jesus lebt und wirkt heute

Am Ostermorgen machten sich damals die Frauen in aller Frühe auf den Weg zum Grab, um den Leichnam Jesu mit wohlriechenden Ölen zu salben und damit Jesus den letzten Liebensdienst zu erweisen. Unterwegs beschäftige sie die Frage, wer den schweren Stein vom Grab wegwälzen könnte *(vgl. Mk 16,3).* Doch dann sahen sie, dass der Stein schon weggewälzt war.

Als sie ins Grab hineingingen, traten zwei Männer mit leuchtenden Gewändern zu ihnen und sagen: *«Was sucht ihr den Lebenden bei den Toten?» (Lk 24,5b):* Ihr habt Jesus sterben sehen und habt Ihn hier begraben. Jetzt meint ihr, Er sei hier im Grab. Ihr meint, Jesus sei tot. Doch, es gibt keinen toten Jesus. Jesus lebt! *«Was sucht ihr den Lebendigen unter den Toten?»* Ihr müsst euch auf den Lebendigen einstellen. Ihr müsst euch dem lebendigen Jesus öffnen. Denn Jesus ist jetzt da! Jesus handelt heute! Jesus spricht heute!

Sich auf den lebendigen Jesus einzustellen, heisst immer auch, die Fixierung aufs Vergangene loszulassen. Auch bisherige Erfahrungen gilt es loszulassen, um sich ganz auf den Gegenwärtigen, der uns immer neu begegnen möchte, einzustellen.

2. Anteil an unzerstörbarem Leben

Gott hat Jesus von Nazaret zu einem neuen Leben erweckt. «Neu» meint eine völlig neue Qualität von Leben. Diese neue Qualität von Leben besteht darin, dass sie durch keine Kraft und Macht mehr zerstört werden kann. Das ganz Neue ist unzerstörbares Leben oder wie wir oft sagen: ewiges Leben.

Während unser Leben ständig von Tod und Vergehen bedroht ist, ist da ein Leben, das bleibt, für immer bleibt. Während die ganze Schöpfung – Pflanzen, Tiere, Wasser und Gestein, auch die Sterne und die Zeit – vergeht, ist da ein Leben, das zeitlos bleibt, einfach bleibt, bleibt und bleibt. Darum kann Jesus sagen: *«Ich bin* – jetzt und immer – *die Auferstehung und das Leben. Wer an mich glaubt, wird leben, auch wenn er stirbt» (Joh 11,25).*

Wo ein Mensch sein Leben mit dem Leben Jesu Christi verbindet, empfängt er Anteil am unzerstörbaren, ewigen Leben Jesu. Jesus sagt dem ganz einfach: *«Wer glaubt, hat ewiges Leben» (Joh 6,47).*

José Calderon, ein verfolgter Mann aus Guatemala, erfuhr dieses unzerstörbare Leben so: Es heisst, man drohe mir mit dem Tod. Mag sein. Ich bin ganz ruhig. Denn selbst wenn man mich tötet, kann mir doch keiner das Leben nehmen. Es heisst, man drohe mir mit dem Tod. Mich selbst regt das nicht sonderlich auf. Seit meiner Kindheit flüstert mir jemand die unerschütterliche Wahrheit ins Ohr: «Fürchtet euch nicht vor denen, die euren Körper töten, euch aber das Leben nicht nehmen können.» Man sagt, man drohe mir mit dem Tod. Diese Drohung stimmt nicht. Weder mir noch sonst jemandem droht der Tod. Was uns «droht», ist Leben, Hoffnung, jemandes Liebe. Wir täuschen uns, uns Christen droht nicht der Tod. Was uns «droht», ist die Auferstehung.

José Calderon trägt Jesus in sich und damit unzerstörbares Leben. Dieses «ewige» Leben hat Calderon jetzt auf einen neuen Grund gestellt. Nun weiss er: Das ewige Leben, das ewige Glück, die ewige Freude können mir nicht mehr genommen werden.

Das ist die Frohe Botschaft. *«Wer glaubt, hat ewiges Leben»*. Damit ändert sich die Perspektive. Der irdische Tod zerstört nicht mehr alles – im Gegenteil! Für Gläubige wird er zur Tür in die Fülle des Lebens, der Freude und des Glückes. In diesem Sinn konnte Paulus sagen: *«Für mich ist Christus das Leben, und Sterben Gewinn» (Phil 1,21).* Oder Franziskus: «Sei willkommen Bruder Tod!» Der Tod wird für Gläubige zur Tür in neue Dimensionen des Lebens!

Diese Botschaft ist in besonderer Weise für die heutige Zeit, wo der Tod verdrängt wird, heilend und befreiend. Diese Sicht vom Tod oder Tor ins Leben eröffnet Zukunft, neue Perspektiven.

3. Der Beginn der Neuschöpfung

Die Auferstehung Jesu eröffnet neue Dimensionen – nicht nur für uns, sondern für die ganze Schöpfung. Denn Auferstehung heisst: Diesem neuen, unzerstörbaren Leben Jesu hat Gott seine ganze Machtfülle geschenkt. Das besagt die Redewendung in der Bibel: Gott hat Jesus zu seiner Rechten erhoben oder zu seiner Rechten eingesetzt.

Im apostolischen Glaubensbekenntnis wird diese Wahrheit so beschrieben: *«Er sitzt zur Rechten Gottes, des allmächtigen Vaters»*. «Sitzen» weist auf überlegene Macht hin. Dieser bildhafte Ausdruck bedeutet: Gott hat Jesus alle Macht gegeben. Die Bibel nennt dies so: *«Jesus Christus ist der HERR!» (Phil 2,11).* Der Titel «Herr» steht hier nicht im Gegensatz zu Frau. «Herr» meint vielmehr Kyrios, die Machtfülle eines Herrschers, hier die Machtfülle Gottes.

«Jesus Christus ist der HERR», war das Urbekenntnis der Christinnen und Christen. Das war ihre Freude: Jesus ist stärker als alle dunklen, alle negativen Kräfte. Die Macht Seiner Liebe ist stärker als alle Herzenshärte, aller Hass und alle Gleichgültigkeit. Anders gesagt: Sein Leben wird siegen. Seine Liebe wird siegen. Seine Freude wird siegen! Das ist wirklich Frohbotschaft!

– Alles wird neu werden

Auferstehung Jesu ist ein Ereignis mit kosmischen Dimensionen. Sie ist der Beginn der Neuschöpfung, der Beginn des Neuwerdens des ganzen Universums. Dieser Beginn kann durch keine Macht und Kraft mehr rückgängig gemacht werden. *«Denn Gott wollte mit seiner ganzen Fülle in ihm wohnen, um durch ihn alles zu versöhnen. Alles im Himmel und auf Erden wollte er zu Christus führen» (Kol 1,19.20a).* Das zeigt: Alles wird in und durch Jesus von Nazaret gewandelt und neugestaltet werden. Deshalb spricht die Theologie vom «kosmischen Christus», der den ganzen Kosmos durchdringt. Da weitet sich der Horizont unseres Denkens gewaltig auf neue, unvorstellbare Dimensionen hin.

Die Dynamik des Neuwerdens des ganzen Universums, die in der Auferstehung Jesu begonnen hat, wird sich unwiderruflich fortsetzen und vollenden. Die Offenbarung des Johannes bringt dies so zum Ausdruck: *«Dann sah ich einen neuen Himmel und eine neue Erde; denn der erste Himmel und die erste Erde sind vergangen, auch das Meer ist nicht mehr. Ich sah die Heilige Stadt, das neue Jerusalem, von Gott her aus dem Himmel herabkommen; sie war bereit wie eine Braut, die sich für ihren Mann geschmückt hat. Er, der auf dem Thron sass, sprach: Seht, ich mache alles neu» (Offb 21,1.2.5a). «Von Gott her»* kommt der neue Himmel und die neue Erde. *«Von Gott her»* – das heisst, Gottes Heilskräfte werden alles neu machen. Alles, was sich dem Wirken des Auferstandenen öffnet, wird gewandelt, erlöst und zum Leben befreit werden. Alles, was sich Ihm öffnet, wird von Licht, von der Liebe, vom Frieden, vom Leben und von der Freude Gottes durchflutet und durchstrahlt werden.

– Ende gut, alles gut

Auferstehung heisst demnach: Durch Gottes Handeln wird alles gut. «Ende gut – alles gut.» Diese Gewissheit lässt uns viel Schweres besser bewältigen. Ich denke an eine frühere Pfarrgemeinde. Cécile, eine 42-jährige Frau und Mutter, ist an Krebs erkrankt. Alle Therapien blieben ohne bleibenden Erfolg.

Die Frau hatte wenige Jahre zuvor zu einem lebendigen Glauben gefunden. Aus dieser Kraft heraus sagte sie Ja zu ihrem schmerzlichen Weg. Viele wollten sie trösten und beteten mit ihr. Die Erfahrung war: Umgekehrt; die Menschen gingen getröstet und gestärkt von ihr weg. Die Kraft des Glaubens strömte aus ihr. In dieser Haltung ist sie gestorben und wurde zu einem Auferstehungszeugnis.

Viele in der Pfarrgemeinde nahmen Anteil an diesem schmerzhaften Weg. So auch ein engagierter Mann der Gemeinde. Er kam nach dem Gottesdienst zu mir und sagte, dass seine Frau plötzlich ins Spital musste. Da überfiel ihn Angst, Angst vor Krebs. Er ängstigte sich, weil bei Cécile genau die gleichen Symptome am Anfang aufgetreten waren, wie jetzt bei seiner Frau. Für diesen Mann wäre der Gang ins Spital halb so schlimm gewesen, wenn ihm der Arzt mit absoluter Sicherheit hätte sagen können: «Es ist nichts Bösartiges. Ihre Frau wird bald völlig gesund wieder zu Hause sein.»

So ist es in unserem Leben. Wir können die schwierige Gegenwart besser bewältigen, wenn wir für unser Leben Zukunft sehen, wenn wir die Gewissheit haben: Es wird gut herauskommen. Der Ausblick auf das gute Ende schenkt Ruhe und setzt Kraft frei. Genau das will der Glaube an die Auferstehung bewirken: Kraft zum Handeln, Kraft zum Durchstehen, Gelassenheit und Zuversicht. Diese Kraft der Auferstehung zeigt uns: Das ewige Leben hat schon begonnen. Wir sind bereits hineingenommen in die neue unzerstörbare Zukunft Gottes.

Leben für immer

Auferstehung Jesu heisst: Die Zukunft hat begonnen. Ein Leben in neuen Dimensionen steht uns bevor; ein Leben mit Zukunft auch über den Tod hinaus. Das hat Maria von Magdala erfahren. Sie hat in ihrem Leben viel gelitten. Sie war eine gebundene Frau, bis ihr Jesus begegnete. Jesus hat sie von sieben Dämonen befreit. In der Begegnung mit Ihm kam Licht, Hoffnung und Freude in ihr Leben. Maria konnte sich zum ersten Mal an ihrem Leben erfreuen. Sie wurde glücklich. Durch Jesus erhielt ihr Leben Sinn und Zukunft. So folgte sie Jesus nach.

Dann kam die Katastrophe: Jesus wurde getötet. Damit verlor sie alles, restlos alles. Nun konnte sie nur noch eines: weinen und nochmals weinen! So kommt sie am frühen Sonntagmorgen zum Grab, um wenigstens den toten Jesus berühren zu können. Sie möchte Ihn mit wohlriechenden Salben einreiben, um Ihm so ihre Liebe zu zeigen.

Meditation: Maria wendet sich dem Leben zu

Das Bild zeigt eine dunkle Gräberlandschaft. Im Vordergrund sind zwei jüdische Grabsteine. Sie sind hebräisch beschriftet: rechts Adam, der erste Mensch und links Eva, die Mutter aller Lebendigen, die biblischen Stammeltern der Menschheit. Weiter hinten stehen christliche Gräber, erkennbar an den Kreuzen.

Die linke Bildhälfte zeigt auch ein islamisches Grab; der Steinturban weist darauf hin. Hinten umrahmt eine Steinmauer, die in der Mitte durchbrochen ist, den Friedhof. Rötliches Licht, das Morgenrot, das einen neuen Tag ankündigt, dringt über und durch die Mauer. Vorne rechts sehen wir einen grossen Grabstein mit der Inschrift «Jesus von Nazaret». Zwischen den Grabsteinen leuchten rote Rosen, Zeichen der Liebe der Hinterbliebenen.

Maria von Magdala zieht es am Sonntagmorgen, als sich langsam der Sonnenaufgang ankündigt, zum Grab. Sie weint, denn sie hat alles verloren. So schaut sie ins Grab hinein und stellt erschrocken fest, dass es leer ist. Jetzt hat man ihr auch noch den toten Jesus genommen. Das verwirrt sie noch mehr. Und sie weint und weint.

Da vernimmt Maria eine Stimme, die nur ein Wort sagt: *«Maria!» (Joh 20,16).* Sofort dreht sie sich um und wendet sich dieser Stimme zu. Die eine Hand stützt sie noch auf den Grabstein Jesu. Den anderen Arm hält sie mit offener Hand über den Kopf. Ihr Mund ist voll Staunen geöffnet. Ihre Augen sind auf etwas ausserhalb des Bildes gerichtet: auf den auferstandenen Jesus. Von Ihm her strömt Licht auf sie zu. Auch die Grabsteine im Vordergrund werden von diesem Licht erhellt. Der Auferstandene, der dieses Licht aussendet, ist nicht sichtbar. Doch man sieht die Wirkung.

Die Haltung Marias ändert sich. Die Tränen sind versiegt. Sie staunt und schaut. Sie wendet sich ganz vom Grab ab, weg vom Schmerz, weg von ihrer Enttäuschung dem Lebendigen zu, der alles – die kleinen und grossen Gräber des Lebens – mit Licht erfüllt. Sie schaut auf den, in dem die Macht des Todes gebrochen ist. Das zeigt der Riss in den Grabsteinen der Stammeseltern und in den Friedhofmauern. Die Macht des Todes bröckelt ab. Leben, Leben über den Tod hinaus wird möglich durch Ihn, den Auferstandenen. Durch Ihn kann alles, selbst für die Toten, gut werden. Maria wendet sich ganz diesem Leben zu. Sie möchte leben, leben mit dem Auferstandenen, leben hier und jetzt, leben über den Tod hinaus, leben für immer.

Wie weiter?

Maria hat erfahren: Jesus lebt! Die zerstörende Macht des Todes ist gebrochen. Die Kraft der Liebe Gottes ist stärker als der Tod. Was fängt nun Maria Magdalena mit diesem Erlebnis an?

Ein solches Erlebnis muss einfach erzählt werden. Wahrscheinlich auch, weil es erst durch das gegenseitige Erzählen ganz verstanden werden kann. Die Erfahrung, dass Jesus lebt, dass die zerstörerische Macht des Todes gebrochen ist, und dass die Liebe Gottes stärker als die Macht des Bösen ist, diese Erfahrung sucht nach Gleichgesinnten, die diese Erfahrung verstehen und teilen können. Maria Magdalena kehrte zurück und verkündete den Jüngern, was sie erlebt hatte.

Der Durchbruch: Erfüllung mit dem Heiligen Geist

Maria erzählt und erzählt – und dennoch: Der Funke will nicht so recht überspringen. Zwar beginnen die Jünger zu glauben, ja sie begegnen selbst dem Auferstandenen, und dennoch bleiben Zweifel, verschiedenste Ängste und viele offene Fragen.

Der grundlegende Durchbruch ereignete sich erst an Pfingsten: *«Da kam plötzlich vom Himmel her ein Brausen, wie wenn ein heftiger Sturm daherfährt, und erfüllte das ganze Haus, in dem sie waren. Und es erschienen ihnen Zungen wie von Feuer, die sich verteilten; auf jeden von ihnen ließ sich eine nieder. Alle wurden mit dem Heiligen Geist erfüllt und begannen, in fremden Sprachen zu reden, wie es der Geist ihnen eingab» (Apg 2,2–4).*

In *Zungen wie von Feuer* kommt der Heilige Geist auf die Apostel und die Jüngerschar. Es wird ihnen warm ums Herz. Diese Erfüllung mit Heiligem Geist bewirkte damals bei allen Versammelten eine grosse Veränderung: Die Apostel und die Jüngerschar hatten aus Angst vor den Juden die Türen verschlossen. Nun liess dieses innere Feuer sie alle Ängste vergessen. Sie gingen begeistert hinaus, um allen frisch und frei von Jesus und von Gottes Liebe zu erzählen. Sie begannen, Gott zu loben.

Ihre Begeisterung steckte die Zuhörenden an. Alle verstanden sie. Der Geist verband Herz mit Herz, was ein neues, gegenseitiges Verstehen bewirkte: *«Alle hörten sie in ihrer Sprache Gottes grosse Taten verkünden» (Apg 2,11).*

Petrus, der ein paar Wochen zuvor Jesus kläglich dreimal vor einer Magd verleugnet hatte, wurde durch den Heiligen Geist mit einer solchen Stärke, Gewissheit und Freude erfüllt, dass er vor die riesige Schar hintrat. Mutig verkündete er, was der Geist ihm eingab.

Der Heilige Geist wirkte in den Worten von Petrus so sehr, dass 3000 Menschen im Herzen berührt wurden. Sie wurden von der Liebe Jesu getroffen, öffneten sich dieser Liebe, kehrten um, liessen sich taufen und empfingen den Heiligen Geist. Sie freuten sich, in neuer Weise leben zu dürfen. Von ihnen heisst es: *«Tag für Tag verharrten sie einmütig im Tempel, brachen in ihren Häusern das Brot und hielten miteinander Mahl in Freude und Einfalt des Herzens. Sie lobten Gott und waren beim ganzen Volk beliebt» (Apg 2, 46-47a).*

Heute aus Gottes Geist leben

Die Erfüllung mit dem Heiligen Geist ist von Anfang an das grosse Ziel Jesu. Bereits Johannes der Täufer weist darauf hin: *«Ich* (Johannes) *taufe euch nur mit Wasser ... Er wird euch mit dem Heiligen Geist und mit Feuer taufen» (Mt 3,11).*

An Pfingsten tritt ein, was Jesus bei Seinem Abschied angekündigt hat: *«Es ist gut für euch, dass ich fortgehe. Denn wenn ich nicht fortgehe, wird der Beistand nicht zu euch kommen» (Joh 16,7a).* Und: *«Ich werde euch nicht als Waisen zurücklassen, sondern ich komme wieder zu euch» (Joh 14,18).* Dieses neue Kommen Jesu geschieht im Heiligen Geist. In Ihm ist Jesus immer bei uns, ja in uns. Und dieser Heilige Geist *«wird Zeugnis für mich ablegen» (Joh 15,26c).*

Glauben wird manchmal als geistige Anstrengung verstanden. Etwa wie: Ich muss im Kopf mit meinem Verstand fest daran denken und daran festhalten. Wenn aber der Heilige Geist in unser Herz kommt, dann rutscht der Glaube vom Kopf ins Herz und wird als das grösste Geschenk erfahren. Denn der Heilige Geist bezeugt nun von innen her, dass Jesus die Wahrheit ist. Wie ein inneres Licht, eine beständige Klarheit, wissen wir einfach, dass der christliche Glaube wahr ist. Das stärkt!

Das hat auch ein Mitbruder von mir erfahren: Eines Abends im Bett habe er, wie gewohnt, in der Bibel gelesen. Er las die Leidensgeschichte nach Johannes. Als er das letzte Wort Jesu am Kreuz las: «Es ist vollbracht», da seien ihm auf einmal die Augen des Herzens aufgegangen. Dieses Wort habe ihn im Innersten getroffen und

Die Auferstehung eröffnet neue Horizonte.

durchgeschüttelt: «Es ist vollbracht! Die Rettung der Menschheit ist vollbracht. Die Erlösung ist vollbracht.» Eine so gewaltige Freude habe ihn erfasst, dass er eine halbe Stunde lang auf seinem Bett herum gehüpft sei. Auf einmal war ihm hundertprozentig klar: Dann kommt alles gut heraus – restlos alles. Da hat er Feuer gefangen. Seitdem lebt eine tiefe Gelassenheit und Kraft in ihm. Er spürt, dass er diese gute Botschaft von nun an anderen weitererzählen musste.

Liebe Leserin, lieber Leser

Der Geist Jesu eröffnet ein Leben in neuen Dimensionen. Der Horizont unseres Lebens wird durch das Evangelium immer offener und weiter. Der Aneignung dieser Hoffnung will wiederum das Teilnehmerheft dienen.

6. Gottes Geist bewirkt den Neuanfang

Wir können in unserem Leben viele Gedanken erwägen. Wir können viel lesen und hören. Doch wenn daraus nicht Konsequenzen gezogen und Entscheidungen getroffen werden, verändert sich nichts. Entscheidungen können nicht erzwungen werden. Sie wachsen heraus, so wie eine Frucht heranreift. Doch wenn die Frucht reif ist, muss sie gepflückt oder geerntet werden, sonst verfault sie. Was im Lauf dieses Weges gewachsen ist, gilt es jetzt zu ernten, das heisst, in einer Entscheidung festzumachen.

Um was für eine Entscheidung geht es hier? Werfen wir dazu einen Blick zurück. Maria von Magdala ist nach der Katastrophe des Todes Jesu Ihm in neuer Weise, als dem Auferstandenen, begegnet. Diese Begegnung öffnete ihr neue Horizonte. Dennoch hat sich ihr Leben zunächst nicht grundlegend gewandelt. Ähnlich ist es den anderen Jüngerinnen und Jüngern ergangen. Trotz der Begegnungen mit dem Auferstandenen blieben Zweifel, verschiedenste Ängste und viele offene Fragen. Der grundlegende Durchbruch, der Neuanfang ereignete sich später, an Pfingsten mit der Erfüllung mit dem Heiligen Geist.

Wirkungen des Heiligen Geistes

Auch heute leben viele Menschen mit dem Auferstandenen. Sie geben sich viel Mühe. Sie versuchen, nach den Worten Jesu zu leben. Dennoch fehlen die Leichtigkeit und die Freiheit der Kinder Gottes. Denn erst mit der Erfüllung durch den Heiligen Geist erhält das Christsein seine eigentliche Dynamik – wie an Pfingsten. Erst dann werden wir zu dem, was Gott mit uns vorhat.

Darauf hat Jesus als der Auferstandene hingewiesen: *«Beim gemeinsamen Mahl gebot er ihnen: Geht nicht weg von Jerusalem, sondern wartet auf die Verheissung des Vaters, die ihr von mir vernommen habt. Johannes hat mit Wasser getauft, ihr aber werdet schon in wenigen Tagen mit dem Heiligen Geist getauft. Als sie nun beisammen waren, fragten sie ihn: Herr, stellst du in dieser Zeit das Reich für Israel wieder her? Er sagte zu ihnen: Euch steht es nicht zu, Zeiten und Fristen zu erfahren, die der Vater in seiner Macht fest-*

gesetzt hat. Aber ihr werdet die Kraft des Heiligen Geistes empfangen, der auf euch herabkommen wird; und ihr werdet meine Zeugen sein in Jerusalem und in ganz Judäa und Samarien und bis an die Grenzen der Erde» (Apg 1,4–8). Jesus spricht von der Taufe, von der Erfüllung mit dem Heiligen Geist. Doch die Apostel waren noch ganz gefangen in ihren Vorstellungen und Erwartungen und fragten: «Herr, stellst du in dieser Zeit das Reich für Israel wieder her?» (Apg 1,6). Doch Jesus geht es nicht um menschliche Spekulationen und um ein irdisches Reich, sondern um Gottes Plan, das Reich Gottes in den Herzen der Menschen zu errichten. Dazu will Er die Menschen mit dem Heiligen Geist taufen.

Damals wurden die Menschen bei der Taufe ganz unters Wasser getaucht. «Taufen» meint somit durchtränkt, durchdrungen werden. Vergleichbar ist dies mit dem Färben von Stoffen in der Antike. Der Stoff wurde so lange in die Farbmasse hineingelegt, bis er von der Farbe durchtränkt war. Der Stoff war der gleiche, aber er hat eine neue Farbe erhalten. Wenn Menschen in den Geist Jesu hineingetaucht und von Ihm durchdrungen werden, dann bekommt ihr Leben eine neue Farbe. Etwas wird bleibend neu in ihren Leben. Wie sieht diese neue Farbe aus?

1. Eine Herzensbeziehung wird geschenkt

Als Erstes verbindet der Heilige Geist unser Herz mit dem Gott der Liebe. Wir sehen dies zuerst bei Jesus: Als Jesus bei Seiner Taufe im Jordan vom Heiligen Geist erfüllt wurde, kam der Heilige Geist im Zeichen der Taube auf Ihn herab. Die Taube galt im Orient als Symbol von Liebe und Zärtlichkeit. Der Heilige Geist erfüllte somit Jesus mit der Liebe und Zärtlichkeit des himmlischen Vaters. Der Heilige Geist schenkte eine Herzensliebe und Herzensverbundenheit. *«Du bist mein geliebter Sohn»*, bestärkte Ihn die Stimme vom Himmel.

An Pfingsten kam der Heilige Geist in Feuerzungen auf die Apostel, auf Maria, auf die Jüngerinnen und Jünger herab. Feuer wärmt. Ihr Herz wurde warm. Es wurde mit Liebe und mit einer grossen und tiefen Freude erfüllt. Da erfuhren die versammelten Menschen die zärtliche Liebe des himmlischen Vaters.

Der Apostel Paulus spricht an zwei Stellen von dieser Herzensverbundenheit, die der Heilige Geist bewirkt: Wenn der Heilige Geist kommt, fängt Er an in uns zu beten: *«Abba, Vater!» (Röm*

8,15; Gal 4,6). Das ist der Ausdruck dieser inneren Liebe, Zärtlichkeit und Geborgenheit. Das ist das tiefste Glück, das einem Menschen in dieser Welt geschenkt werden kann. Denn es ist eine bleibende Herzensgeborgenheit, die einen durch alles, was er in dieser Welt erleben kann, durchträgt.

Der Heilige Geist schenkt auch uns die unauslöschliche Gewissheit der Liebe Gottes. Dann verlieren wir das tiefinnere Misstrauen Gott gegenüber. Auf einmal entdecken wir die zarte und alles durchdringende Wärme und Liebe, die Gott zu uns ganz persönlich hat. Beglückend erfahren wir, dass Gott der Verbündete unseres Lebensglückes ist. So wächst Vertrauen in diesen Gott der Liebe. *«Abba, Vater»* zeigt: Wir gehören zusammen.

Die Verbindung von Herz zu Herz habe ich mit 17 Jahren erfahren, wovon ich bereits in der ersten Einheit erzählt habe. Als Gottes Liebe mein Herz berührte und ich mein Leben ganz Gott anvertraute, wurde ich von einer tiefen und bleibenden Freude erfüllt. Noch etwas anderes ist bleibend anders geworden: Seither ist in mir die Sehnsucht, ja das Bedürfnis da, täglich mit diesem Gott der Liebe Gemeinschaft zu pflegen. Niemand muss mir sagen, dass ich wieder einmal beten sollte. Ich brauche das Gebet wie das tägliche Brot. Eine Herzensbeziehung ist entstanden.

Ein zweiter Aspekt dieser neuen Farbe:

2. Eine neue Dynamik

Eine zweite Wirkung der Erfüllung mit dem Heiligen Geist zeigt sich darin, dass eine neue Bewegung, eine neue Dynamik, entsteht. Auch das zeigt uns das Leben Jesu.Vor der Taufe lebte Er «verborgen», ein unauffälliges Leben, nach Seiner Taufe begann Sein öffentliches Leben.

Mit dem Empfang des Heiligen Geistes bei der Taufe im Jordan beginnt im Leben Jesu eine neue Dynamik. Der empfangene Geist führt Jesus von diesem Zeitpunkt an: zuerst in die Wüste und dann zum Predigen und zum Heilen. Die erste Wirkung dieses Geistes zeigt sich in der Gründung einer Jüngergemeinschaft. Ein neuer Weg hat begonnen.

Als dann die Jüngerinnen und Jünger an Pfingsten vom Feuer und von der Kraft des Heiligen Geistes erfüllt wurden, begann auch in ihnen eine neue Dynamik. Der Heilige Geist begann, sie sanft zu locken und zu drängen:

Zuerst richtete der Heilige Geist ihre Herzen ganz auf Gott aus und zeigte ihnen die unvergleichbare Schönheit Gottes. Gottes Grösse, Herrlichkeit, Macht und Liebe begann sie zu faszinieren. So begannen sie, *«Gottes grosse Taten» (Apg 2,11)* zu verkünden. Sie waren überglücklich, diesen Gott zu kennen.

Der Heilige Geist verband diese ersten Christen zu einer Gemeinschaft: *«Die Gemeinde der Gläubigen war ein Herz und eine Seele» (Apg 4,32)*, heisst es. Sie fühlten sich auf eine neue Weise nahe und zueinander gehörig. Sie begannen sich in kleinen Gemeinschaften zu treffen und das Leben miteinander zu teilen.

Sie blieben aber nicht als «schöne» angenehme Insidergruppe unter sich, – der Heilige Geist drängte sie, hinauszugehen und allen zu sagen, was sie erlebt hatten. «Ein deutscher Bischof sagte an einer Konferenz: Es ist nicht schlimm, wenn die Kirche nicht wächst, aber schlimm ist es, wenn sie nicht wachsen will.» Dies ganz einfach deswegen, weil dies zeigen würde, dass der Heilige Geist fehlt. Denn es ist eine Wirkung des Heiligen Geistes, dass man dies, was einem selbst so beglückt, anderen weitergeben möchte. So war es bei den

Aposteln. Als man ihnen verbot, von Jesus zu reden und sie auspeitschte, sagten sie: «*Wir können unmöglich schweigen über das, was wir gesehen und gehört haben*» (*Apg 4,20*).

Als einige Zeit später eine Verfolgung ausbrach und viele fliehen mussten, waren sie darüber nicht resigniert, sondern sahen dies als Chance: «*Die Gläubigen, die zerstreut worden waren, zogen umher und verkündeten das Wort*» (*Apg 8,4*). Sie taten dies mit Freude!

So bewirkte Gottes Geist eine neue innere Dynamik: Freude an Gott, Freude an der Gemeinschaft und Freude am Weitergeben des Evangeliums.

Noch ein Weiteres haben sie erfahren:

3. Neue Befähigung: «Gott kann»

Mit dem Empfang des Heiligen Geistes in der Taufe am Jordan wurde Jesus für Seine Sendung ausgerüstet. Gottes Kraft wirkte von da an in neuer Weise in Jesu Worten, Berührungen und Taten. Viele Menschen wurden dadurch geheilt und befreit.

Seit dem Empfang des Heiligen Geistes in der Taufe am Jordan wirkte in Jesus in neuer Weise Gottes Kraft. Jesus predigte – und die Menschen waren betroffen. Jesus berührte Menschen – und sie waren geheilt. Jesus sprach ein Wort – und Menschen wurden von bösen Mächten befreit. Offensichtlich wirkte Gottes Kraft in den Worten und Berührungen Jesu.

Diese neue Kraft erlebten auch die Apostel und die Jüngerschar nach Pfingsten. Gottes Geist wirkte durch die Apostel Zeichen und Wunder und befähigte sie zu neuen Schritten. Da begegneten Johannes und Petrus einem Gelähmten, der von ihnen ein Almosen erwartete. Da sagte Petrus: «*Silber und Gold besitze ich nicht. Doch was ich habe, das gebe ich dir: Im Namen Jesu Christi, des Nazoräers, geh umher! Und er fasste ihn an der rechten Hand und richtete ihn auf. Sogleich kam Kraft in seine Füße und Gelenke; er sprang auf, konnte stehen und ging umher. Dann ging er mit ihnen in den Tempel, lief und sprang umher und lobte Gott*» (*Apg 3, 5-8*).

In der Folge gingen die Apostel in die Welt hinaus und übernahmen Verantwortungs- und Führungspositionen. Sie erhielten neue Einsichten und Erkenntnisse. Der Heilige Geist zeigte ihnen neue Wege. Er legte in sie ein leidenschaftliches Feuer für das Evangelium, eine Bereitschaft Leiden zu ertragen und eine Treue bis zum Tod. Der Heilige Geist war die Wirkkraft im Leben der Apostel.

Wo Menschen sich auf Gottes Geist einlassen, werden sie neu befähigt. Helmut Gollwitzer, ein evangelischer Theologe, hat dies einmal auf eine kurze Formel gebracht: Heiliger Geist heisst: «Gott kann.» *Gott* kann – nicht ich. Gott kann in Ihrem Leben bewirken, was Sie nie für möglich hielten, denn so lautet die Zusage Jesu: *«Ihr werdet die Kraft des Heiligen Geistes empfangen»* (Apg 1,8).

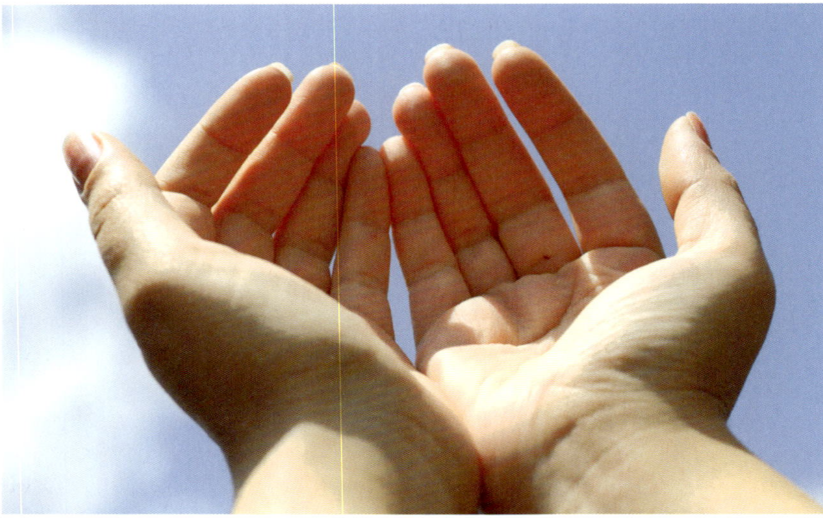

Ihr werdet durch den Heiligen Geist neu befähigt werden. Der Heilige Geist wird uns zu einer neuen Liebe zu unserem Partner, zu einer neuen Liebe zu unseren Kindern befähigen. Er wird uns zu mehr Geduld befähigen. Der Heilige Geist schenkt uns ein neues, tieferes Empfinden für die Fragen und Leiden der Menschen. Er öffnet uns auch für die Schönheiten und Leiden der Schöpfung. Er lässt uns den Wert und die Würde unseres Menschseins erkennen.

Der Heilige Geist befreit uns von der Angst vor den Anderen. Er schenkt uns die Kraft, mehr und mehr zu uns und zu unseren Gefühlen zu stehen. Der Heilige Geist lockert, löst die Zunge, sodass wir das frei und mutig zu sagen wagen, was wir auf dem Herzen haben.

Der Heilige Geist schenkt uns eine neue Freude am Glauben und an der Kirche. Der Heilige Geist bewirkt Freude am Beten, Freude an der Bibel und Freude am Loben Gottes. Der Heilige Geist kann uns Frieden mitten in Konflikten und Spannungen, Trost und Kraft mitten im Leiden geben. Der Heilige Geist ist die Befähigung zum christlichen Leben.

Wir sprechen in diesem Zusammenhang auch von Gaben und Charismen. Paulus spricht aus Erfahrung, wenn er an die Gemeinde in Korinth schreibt: *«Einem jedem teilt der Geist seine besondere Gabe zu» (1 Kor 12,11).* Diese Gabe wird *«geschenkt, damit sie anderen nützt» (1 Kor 12,7).* Das zeigt: Der Heilige Geist will allen besondere Gaben für den Aufbau der Kirche, der Gemeinde schenken.

Fazit: Der Heilige Geist lässt uns die zärtliche Liebe des himmlischen Vaters erfahren. So wächst in uns eine Herzensliebe, eine Beziehung von Herz zu Herz zu Gott heran. Daraus entspringt in unserem Leben eine neue Dynamik zu Gott und den Menschen hin. Neues wird möglich, weil der Heilige Geist uns neu befähigt: Gott kann.

Bitte um den Heiligen Geist

Das führt zur Frage: Wie können wir heute vom Heiligen Geist erfüllt werden? Wie kann die Kraft des Heiligen Geistes in uns freigesetzt werden? Zwei Dinge sind wichtig:

1. Die Entscheidung, unser Leben Gott und Seinen Plänen zu öffnen. Ein anderes Wort für diese Öffnung des Lebens auf Gott hin heisst: uns auf die Seite Jesu stellen. Seine Farbe wählen. Ihn als Meister und Herrn annehmen, wie Paulus sagt: *«Ihr habt Christus Jesus als Herrn angenommen» (Kol 2,6).* Es geht darum Jesus Christus in unser Leben einzuladen und Ihn zu bitten, unser Leben zu führen und uns mit dem Heiligen Geist zu erfüllen.

2. Die Bitte um den Heiligen Geist. Der Heilige Geist ist ein vornehmer Gast. Er fällt nicht mit der Tür ins Haus. Er kommt dorthin, wo Er eingeladen und willkommen geheissen wird. Jesus sagt: *«Bittet, dann wird euch gegeben; sucht, dann werdet ihr finden; klopft an, dann wird euch geöffnet. Denn wer bittet, der empfängt; wer sucht, der findet; und wer anklopft, dem wird geöffnet. Oder ist unter euch ein Vater, der seinem Sohn eine Schlange gibt, wenn er um einen Fisch bittet, oder einen Skorpion, wenn er um ein Ei bittet? Wenn nun schon ihr, die ihr böse seid, euren Kindern gebt, was gut ist, wie viel mehr wird der Vater im Himmel den Heiligen Geist denen geben, die ihn bitten» (Lk 11,9–13).*

Jesus betont sechs Mal die gleiche Aussage: Sucht, klopft an, bittet. Damit will Er uns sagen, dass wir immer wieder, unaufhörlich und vertrauensvoll bitten sollen. Denn der himmlische Vater liebt uns, und deshalb möchte Er uns das Kostbarste und Wichtigste für alle Situationen des Lebens schenken: den Heiligen Geist. Er will uns Seinen Trost, Seine Kraft, Seine göttliche Licht, Seine Liebe, Seine Treue, Seine Freude, ... schenken, aber Er will darum gebeten werden.

Um den Heiligen Geist zu empfangen, braucht es nur etwas von uns: Den Heiligen Geist aus ganzem Herzen bitten, zu uns zu kommen, Ihm in allem die Führung zu überlassen und Ihn in uns wirken zu lassen. Wenn das geschieht, dann beginnt sich etwas in uns zu verändern: Wir erhalten eine neue Farbe!

Gebet zum Neuanfang

Jesus Christus, ich danke Dir, dass ich Dich tiefer kennen lernen durfte.
Du bist mir lieb geworden. So möchte ich in Zukunft mehr mit Dir leben.
Darum bitte ich Dich: Komm neu in mein Leben.
Ich will Dir nachfolgen. Führe Du mich.
Ich glaube, dass Du mich mehr liebst, als ich mich selbst.
Ich glaube, dass Du mich besser führen kannst als ich dies selbst tun kann.
Jesus ich bitte Dich: Erfülle mich neu mit Deinem Heiligen Geist.
Erfülle mich mit Deiner Kraft und Liebe.
Ich bitte Dich um alle Gaben und Charismen, die Du mir geben möchtest, damit ich Dir und den Menschen besser dienen kann.
Heiliger Geist, komm und zeige mir, welche Pläne Du für mich hast. Ich will Deinen Impulsen folgen und Deine Wege gehen. Ich danke Dir. Amen.

Liebe Leserin, lieber Leser

Neu anfangen zu was? Das Ziel ist, neu oder mehr aus Gottes Kraft, aus dem Heiligen Geist zu leben. Das können wir nicht selber «machen». Nur der Heilige Geist selbst kann uns in diesen neuen Lebensstil einführen. Er ist der Lehrmeister.

Darum lade ich Sie ein, nochmals zum Teilnehmerheft zu greifen und Ihn zu bitten, Sie in dieses neue Leben einzuführen und darin zu bestärken.

7. Ein Blick nach vorn – wie weiter?

Der Heilige Geist bringt neue Einstellungen und Gedanken, neue Formen des Christseins, neues Leben in die Kirche. Menschen fangen an, sich selbst und dadurch auch Strukturen und Institutionen zu verändern. Das ist die Erfahrung der Kirche von Anfang an. Deshalb betet sie im grossen Glaubensbekenntnis: *«Wir glauben an den Heiligen Geist, der Herr ist und lebendig macht»*.

Im täglichen Ausstrecken nach der erneuernden Kraft des Heiligen Geistes, werden wir Sein Wirken mehr und mehr in unserem Leben erfahren können. Wir beginnen dann, aus der Kraft und Inspiration des Heiligen Geistes zu leben. Das verändert.

Erfahrungen

Bevor wir der Frage nachgehen, wie wir aus der Kraft des Heiligen Geistes unseren Weg weitergehen können, schauen wir erst kurz zurück: Wir haben miteinander einen Weg zurückgelegt. Auf diesem Weg ist etwas mit uns geschehen. Der Ausgangspunkt dieses Weges kann unterschiedlich gewesen sein: Neugier, Sehnsucht nach etwas Neuem, persönliche Schwierigkeiten, Enttäuschungen, ...

Schon bald spürten viele jedoch: Wir können hier nicht unbeteiligte Zuschauer bleiben. Was wir da hören und was sich da ereignet, betrifft unser Leben. So mussten wir uns entscheiden, uns auf den Weg einzulassen oder nicht.

Wer sich dann – vielleicht ganz vorsichtig, zaghaft und innerlich etwas widerstrebend – dennoch einliess, konnte vieles erleben: Manchmal Freude, Aha-Erlebnisse, Befreiung, Widerstände, Ängste und vieles mehr. Manchmal war es ein Wort oder ein Bild, das jemanden innerlich berührt hat.

Wir konnten entdecken, dass sich neue Chancen für einen lebendigeren Glauben, Chancen für ein befreiteres und erfüllteres Leben, Chancen für bessere und ehrlichere Beziehungen eröffneten. Eine beglückende Ahnung konnte auftauchen davon, wie lebendiges Christsein aussehen könnte.

Neues Leben

Vielleicht nahmen einige von uns wahr, dass in diesen Wochen tief im Innern etwas Zartes gewachsen ist, das sie nicht beschreiben und einordnen können. Wir merken nur, dass es gut ist, dran zu bleiben. Wir entdeckten «inneres Leben» in uns.

Paulus spricht in diesem Zusammenhang davon, dass das Christwerden die Erfahrung von etwas Neuem ist: *«Wenn also jemand in Christus ist, dann ist er eine neue Schöpfung: Das Alte ist vergangen, Neues ist geworden» (2 Kor 5,17)*. Auch Petrus spricht dies an: *«Ihr seid neu geboren, ...» (1 Petr 1,23)* Ihr habt ein neues Leben wahrgenommen.

Auch Johannes spricht im Prolog seines Evangeliums vom Geheimnis des «Neuen Lebens»: *«Allen aber, die ihn* (Jesus) *aufnahmen, gab er* (Gott) *Macht, Kinder Gottes zu werden, allen, die an seinen Namen glaubten, die nicht aus dem Blut, nicht aus dem Willen des Fleisches, nicht aus dem Willen des Mannes, sondern aus Gott geboren sind» (Joh 1,12–13)*.

«Neues ist geworden», «neu geboren», «aus Gott geboren» – dies sind Worte, die eine neue lebendige Wirklichkeit in uns beschreiben.

Das Wachstum des Neuen

Wie kann das «neue Leben» in uns wachsen? Wie kann sich die Beziehung zu Jesus Christus weiter entfalten?

Persönliche Vertiefung: «Stille Zeit»

Hilfreich ist das, was wir während des Glaubensweges eingeübt haben – nämlich eine tägliche «Stille Zeit» mit unserem Freund Jesus Christus weiterzupflegen. Das nährt. Vielleicht fragen Sie sich, wie Sie in Zukunft Ihre «Stille Zeit» gestalten können. Wichtig ist ein Leitfaden der uns Impulse von Gott her vermittelt. Wenn wir nur unsere gewohnten Gebete verrichten – was gut ist – sind wir dennoch in Gefahr nur um uns selbst zu kreisen. Doch Beziehung ist wesentlich Dialog, ein Hören auf den Anderen. Deshalb ist das Hören auf Gott und Sein Wort unerlässlich für das Wachstum im Glauben.

Eine Möglichkeit ist, gleich aus der Bibel lesen. Dann beginnen Sie am besten mit einem der Evangelien. Doch die meisten Menschen sind dankbar für eine sogenannte «Bibellesehilfe» mit Erklärungen, Gedanken und Impulsen.[4]

Gute, geistliche Nahrung

Was wir essen und so in uns aufnehmen, bewirkt etwas in uns. Gute Nahrung vermittelt Kraft und Vitalität. Was für unseren Körper gilt, gilt ebenso auch für unser Innenleben. Was wir lesen, anschauen und hören hat Wirkung.

---

[4] Speziell für den Weg nach einem Glaubenskurs ausgearbeitet wurde: «Nachfolge – Gottes Reich wächst. Impulse zum Lukas – Evangelium und zur Apostelgeschichte». In diesem Buch werden alle Texte des Lukas-Evangeliums und der Apostelgeschichte in 208 Tagesimpulsen erklärt. Wie die bisherigen Impulstexte im Teilnehmerheft wird hier der jeweilige Schrifttext erklärt. Dazu kommen Fragen, die zur persönlichen Besinnung und zum Gebet hinführen. So vertieft dieses Buch den begonnenen Weg. Wer mit diesem Buch unterwegs ist, wächst Schritt für Schritt ins tiefere Verstehen der Botschaft Jesu hinein. Er lernt die Bibel besser kennen. Dazu kommen noch Bilder und Landkarten. (www.weg-verlag.ch).
Eine weitere Möglichkeit sind z. B. die Monatsschriften «Magnificat» (www.magnificat.de) oder «Te Deum» (www.tedeum-beten.de) welche sich an der liturgischen Lesung der Kirche orientieren.

Das hat ganz konkret Ignatius von Loyola, der Ordensgründer der Jesuiten, erfahren. Als junger Soldat wurde er verwundet und krank. Als er so im Bett lag, las er prickelnde Literatur (Liebesromane) und Heiligenbücher. Dabei stellte er fest, dass ihn die Liebesromane gefühlsmässig lockten, aber nachher liessen sie eine Leere zurück. Zu den Heiligenbüchern musste er sich zuerst überwinden, danach aber war er erfüllt mit innerer Freude. Diese haben die tiefste Sehnsucht seines Herzens, sein Innenleben genährt.

Unser inneres Leben braucht Nahrung. Wir entscheiden, ob wir gute geistige Nahrung in uns aufnehmen oder schädliche. Beides hat Folgen. Jesus sagt von Seinem Wort: *«Die Worte, die ich zu euch gesprochen habe, sind Geist und sind Leben» (Joh 6,63).*

Gemeinschaft

Wenn wir das Neue Testament anschauen, fällt die Bedeutung der Gemeinschaft auf. Jesus hat Seine Jünger von Anfang an nicht nur in eine individuelle Beziehung zu Ihm persönlich, sondern auch in eine Gemeinschaft um Ihn gerufen.

Von den ersten Gläubigen, die am Pfingsttag von Gottes Geist berührt wurden und den Kern der ersten nachösterlichen Gemeinde bildeten, heisst es: *«An diesem Tag wurden ihrer Gemeinschaft etwa dreitausend Menschen hinzugefügt. Sie hielten an der Lehre der Apostel fest und an der Gemeinschaft, am Brechen des Brotes und an den Gebeten» (Apg 2,41–42).* Auffallend ist auch hier die Betonung der Gemeinschaft. Das zeigt: Christliches Leben ist wesentlich Leben in Gemeinschaft. Das hat mit Gott selbst zu tun. Denn Gott ist dreifaltig; ein Gott in drei Personen, die untereinander in intensivster Form Beziehung sind und Beziehung leben. Weil Gott Liebe und Beziehung ist, offenbart Er Seine Gegenwart vor allem in der Gemeinschaft.

– Gemeinschaft stützt und stärkt

Der Mensch ist ein soziales Wesen und als solches wird er wesentlich von seiner sozialen Umgebung mitgeprägt. Die Menschen, die uns tagtäglich umgeben, beeinflussen und prägen uns. Wir sagen dem auch so: Umgang färbt ab.

Wenn jemand regelmässig mit Personen Kontakt hat, die nur meckern, kritisieren und alles negativ sehen, dann wird er leicht von diesem Gift angesteckt werden. Wenn jemand umgekehrt mit Personen Gemeinschaft pflegt, die froh, offen, zuversichtlich aus der Kraft des Heiligen Geistes leben – Menschen also, die ihre Berufung leben und heilig werden wollen, dann färbt auch dies ab. Von solchen Menschen geht eine Ermutigung aus, ein Ansporn nicht der eigenen Bequemlichkeit nachzugeben, sondern wachsen zu wollen.

Wenn Sie im Glauben weiterwachsen wollen, dann suchen Sie Gemeinschaft mit Menschen, denen dies auch ein Anliegen ist. Suchen Sie Menschen, die Sie in diesem Anliegen unterstützen und fördern.

– **Gemeinschaft ist der besondere Ort der Gegenwart Gottes**

Jesus sagte: *«Wo zwei oder drei in meinem Namen versammelt sind, da bin ich mitten unter ihnen» (Mt 18,20)*. Paulus bezeichnete die Christen als Leib Christi. Jede und jeder ist ein Glied dieses Leibes. Es ist die Absicht Jesu Christi, uns in einer geheimnisvollen Weise untereinander zu verbinden. So will Er uns in unseren Schwestern und Brüdern begegnen und uns durch sie – durch die Glieder an Seinem Leib – stärken, bereichern, inspirieren, ermutigen, korrigieren, trösten und so weiter.

Gottesdienstgemeinschaft

Eine besondere Form der Gemeinschaft ist der Gottesdienst, die Eucharistiefeier. Die Gemeinschaft im Gottesdienst stärkt und schenkt eine grössere Wir-Erfahrung. Jesus möchte uns hier im Gastmahl Seiner Liebe in besonderer Weise beschenken. Er nährt uns in und durch die Gemeinschaft der Gläubigen, die Glieder Seines Leibes. Er nährt uns in Seinem Wort, das vorgelesen und in der Predigt vertieft wird. Er nährt uns durch Sein Opfer am Kreuz, das für alle gegenwärtig und wirksam wird. Und Er nährt uns in der Kommunion, wie Jesus sehr eindrücklich sagt: *«Mein Fleisch ist wirklich eine Speise und mein Blut ist wirklich ein Trank. Wie mich der lebendige Vater gesandt hat und wie ich durch den Vater lebe, so wird jeder, der mich isst, durch mich leben» (Joh 6,55.57).*

Viele von denen, die neu eine Beziehung zu Jesus Christus gefunden haben, entdecken Jesus Christus in der Eucharistiefeier. Er ist da, nährt und beschenkt sie. Sie nehmen an dieser Feier teil, weil sie auf die Einladung Jesu – *«Nehmt und esst; das ist mein Leib» (Mt 26,26).* und *«Tut dies zu meinem Gedächtnis!» (Lk 22, 19)* – eingehen und das Geschenk Seiner Liebe annehmen wollen.

In Gemeinschaft weitergehen!

Damit dienen Sie nicht nur sich selbst, sondern auch den Glaubensgeschwistern, denn durch ihr Mitfeiern stärken sie die Gemeinschaft. Denn ob 20 oder 200 Personen zusammenkommen und feiern, die Stärkung durch die Gemeinschaft ist bei 200 wesentlich grösser als bei 20.

So kann ich auch an der Eucharistiefeier teilnehmen, weil ich den Glauben der Glaubensgeschwister stärken will. Ich kann an der Eucharistiefeier teilnehmen, weil ich durch mein Mitbeten und Mitfeiern Jesus Christus mithelfen will, durch mich in die Welt herein zu wirken. Ich gehe, um Ihm zu dienen und eine Freude zu machen.

Liebe Leserin, lieber Leser

Am Ende jedes Kapitels ermutige ich Sie, konkrete Schritte in Ihrem Alltag umzusetzen. Heute möchte ich Sie zu zwei Schritten ermutigen.

Suchen Sie an Ihrem Wohnort oder in Ihrer Nähe eine Gruppe von Christen, die sich regelmässig um das Wort Gottes versammelt. Nehmen Sie mit ihnen Kontakt auf, damit Sie ein- bis zweimal bei ihrem Gruppentreffen «schnuppern» dürfen.

Die zweite Anregung betrifft die regelmässige Schriftlesung. Nehmen Sie sich – nach Möglichkeit – jeden Tag eine gute Zeit: eine Freundschaftszeit mit Jesus, eine Zeit für sich selbst.

Diese beiden Schritte werden Ihnen helfen, den «Neuanfang» zu vertiefen und mehr und mehr auch im Alltag aus der Quelle des Heiligen Geistes zu leben.

Bildnachweise

Veröffentlichungen des WeG Verlages

Reinkarnation und Auferstehungsglaube
Sachlich und informativ wird hier aus christlicher Sicht aufgezeigt, worin sich Auferstehungsglauben und Reinkarnation unterscheiden. Die Schrift dient allen, die für sich selbst hierüber mehr Klarheit suchen oder andere klärend begleiten möchten. Sie vertieft die Auferstehungsfreude. *68 Seiten mit 6 Farbbildern*

Vom Diesseits zum Jenseits. Tod – und was dann?
In dieser Schrift werden – ausgehend von der Bibel – in einfacher und verständlicher Form folgende Themen erläutert: Das christliche Sterben, die Wiederkunft Jesu Christi, das Gericht, die Hölle, das Fegfeuer und der Himmel. Sehr hilfreich! *48 Seiten mit 5 Farbbildern*

Gebote als Lebenshilfe. Die Zehn Gebote neu erklärt
Die Zehn Gebote sind die Grundlage der menschlichen Gesellschaft. Ausgehend von der biblischen Ursprungsbedeutung wird der heutige Sinn der Gebote dargelegt. Dabei wird offensichtlich, wie die Gebote uns helfen, das Leben besser und froher zu gestalten. *112 Seiten*

Nachfolge – Gottes Reich wächst! Impulse zum Lukas-Evangelium und zur Apostelgeschichte.
Sämtliche Texte werden in 208 Impulsen verständlich erklärt und geben inspirierende Impulse für die Nachfolge Jesu. Biblisches Wissen und geistliche Deutung ergänzen sich. Auch als Nachschlagewerk geeignet. *336 Seiten mit 18 Farbbildern*

«Willst du gesund werden?» Gottes Wege zum Heil. Mit Unterscheidungshilfen zu alternativen Heilpraktiken.
Viele Menschen suchen nach Heilung und Hilfe in ihren Beschwerden und Leiden. Gott will uns Menschen glücklich machen und uns in vielfältiger Weise Heilung und Heil schenken – auch heute! In diesem Buch wird Gottes Sicht über Heilung und Krankheit dargelegt und ermutig, Gottes Wegen zum Heil zu vertrauen und ihnen zu folgen. Dazu werden, ausgehend vom christlichen Welt- und Menschenbild, Unterscheidungshilfen zu heute aktuellen (vielfach östlichen) Heilpraktiken dargelegt. *168 Seiten*

Islam – Christentum. Eine aktuelle Herausforderung
Was ist der Islam? Wie ist er entstanden? Wie steht er zu Krieg und Terror? Welche sind die Unterschiede zum christlichen Glauben? Wie sollen wir uns Muslimen gegenüber verhalten? Dieses einfach verständliche Buch gibt eine gute Grundeinführung in diese Fragen und hilft uns vieles besser zu verstehen. *160 Seiten mit 17 Farbbildern*

Weitere Informationen über die Schriften des WeG Verlages mit Bestellmöglichkeit sowie Impulstexte, Video- und Audiovorträge finden Sie unter: www.weg-verlag.ch und www.leotanner.ch